Tony Buzan
Raymond Keene

Die Grips-Formel

Entfesseln Sie Ihr geistiges Potenzial

Aus dem Englischen übersetzt von Dietmar Schobel

mvg Verlag

Bibliografische Information der Deutschen Nationalbibliothek
Die Deutsche Nationalbibliothek verzeichnet diese Publikation in der Deutschen Nationalbibliografie; detaillierte bibliografische Daten sind im Internet über http://dnb.d-nb.de abrufbar.

Dieser Titel ist auch unter der ISBN 978-3-478-08311-9 erhältlich.

Aus dem Englischen übersetzt von Dietmar Schobel

Umschlaggestaltung: ZERO Werbeagentur, München
Satz: Jürgen Echter, Redline GmbH
Druck- und Bindearbeiten: Ebner & Spiegel, Ulm
Printed in Germany 07185/010702
ISBN 978-3-636-07185-9

Inhalt

Einleitung

$$e \nrightarrow M = C^{\infty}$$

Das Buch, das Sie in Händen halten, soll Ihnen eine Entdeckungsreise in die Welt der Genies ermöglichen, es soll Sie mit jenen Qualitäten vertraut machen, die den größten Denkern der Geschichte zu Eigen waren, und Sie zu Ihrem eigenen Genie hinführen. Dabei verfolgt dieses Werk mehrere wichtige Zielsetzungen.

Ein Manifest für den Geist

Es gehört zu den natürlichen Funktionen des Gehirns, zu lernen und, ganz besonders, seine eigenen geistigen Fähigkeiten zu erforschen und zu erweitern, immer größere Bereiche des fast unbegrenzten und in weiten Teilen noch nicht genutzten Potenzials jenes Super-Biocomputers freizusetzen, den jeder von uns mit sich trägt. Dieses Buch wird Ihnen dabei helfen, dieses Ziel zu erreichen, indem es Ihnen ein Programm für den Geist vermittelt. Wir hoffen, dass Sie es als informativ, belehrend, aufregend, anregend, leicht verständlich und als für Ihre persönlichen Bedürfnisse relevant empfinden werden.

Wir haben den Begriff „Genie" neu definiert, und zwar auf Basis unserer Untersuchungen zur Natur der Intelligenz und ihres Wachstums sowie auf Grundlage unserer Studien jener großen Denker, die in ihren jeweiligen Disziplinen Spitzenleistungen erbrachten. In diesem Buch haben wir zahlreiche falsche Konzepte und Fehlannahmen über die Qualitäten von Genies berichtigt, um so ein neues Verständnis der Natur von Genie und neue Möglichkeiten, Genie-Fähigkeiten zu entwickeln, zu ermöglichen.

Ein Beitrag zu einer geistigen Renaissance

Eine unserer Hoffnungen für dieses Buch besteht darin, dass es weltweit die Kenntnisse über die Intelligenz, das „mentale Alphabet“ (das auf den Seiten 97f. erklärt wird) und das Genie erweitert. Es soll ein Beitrag zur neuen Renaissance des Geistes sein, die bereits begonnen hat und im Verlauf des 21. Jahrhunderts ihre Wirkung noch stärker entfalten wird. Während unserer wissenschaftlichen Studien haben wir entdeckt, dass die Umwelt (eine gute Erziehung und Ausbildung sowie weitere Umgebungsbedingungen) ein wichtigerer Faktor für die Entwicklung von Genie ist als die Anlagen (die genetischen Prädispositionen). Deshalb haben wir Prinzipien und Formeln beschrieben, die es Ihnen erleichtern werden, Ihr natürliches Genie umzusetzen und dabei Spaß zu haben.

Die Struktur des Buches

Um die oben genannten Ziele zu erreichen und Ihnen zu helfen, Ihr wahres Potenzial möglichst erfolgreich freizusetzen, haben wir das Buch in einer Art strukturiert, die selbst bereits eine Formel für die Realisierung von Genie ist. Diese Formel ist revolutionär und dennoch überraschend einfach.

Zuerst entwerfen wir ein Programm, mit dem Sie das Ausmaß Ihrer geistigen Fähigkeiten überprüfen und mit den positiven Eigenschaften der großen Denker der Vergangenheit und Gegenwart vergleichen können. Während unserer Studien haben wir die Eigenschaften von über 100 Genies von den Erbauern der ägyptischen Pyramiden bis zu Stephen Hawking und Bill Gates untersucht. Dadurch konnten wir verschiedene Schlüsselqualitäten bestimmen, die bei allen großen Denkern erkennbar sind und die der Antrieb für ihre brillanten Erfolge waren. Bei der Erforschung der Denk- und Arbeitsweise von Genies konnten natürlich auch zahlreiche allgemein verbreitete und nachahmbare Faktoren bestimmt werden.

Sobald Sie Ihr eigenes mentales Niveau definiert und erkannt haben, welche Qualitäten Genie ausmachen, wird deutlich werden, auf welche Art Sie Ihr persönliches Höchstniveau an mentaler Fitness erreichen und aufrechterhalten können. Dieses Buch zeigt Ihnen, welch unglaubliche geistige Spitzenleistungen erzielt werden können und in der Vergangenheit schon erzielt wurden. Vor allem soll es Ihnen aber vor Augen führen, dass derartige geistige Möglichkeiten im Prinzip jedem Menschen offen stehen. Im Folgenden finden Sie eine detailliertere Vorschau auf den Inhalt der einzelnen Abschnitte.

Die Genie-Qualitäten

Im ersten Kapitel des Buches erklären wir Ihnen, wie Sie in einem umfassenden Selbst-Test Ihren Genie-Quotienten (GQ) bestimmen können. Zunächst erfahren Sie, welche 20 Charakteristika ein Genie ausmachen, und Sie können sich selbst entsprechend (und ehrlich) in den jeweiligen Bereichen einstufen.

Ihr universeller Intelligenzquotient

Anschließend geben wir Ihnen Informationen über den traditionellen Intelligenzquotienten (IQ), mit dem Ihre verbale, numerisch-logische und technisch-räumliche Intelligenz erfasst wird (Test 2 bis 4). Auch dazu werden entsprechende Übungsaufgaben präsentiert. In der Folge werden sechs weitere wesentliche Intelligenzarten erklärt, und Sie können wiederum im Selbst-Test Ihr jeweiliges Niveau bestimmen.

Zu jedem Bereich der Intelligenz gibt es auch Ergebnislisten und Einstufungen sowie Ratschläge, wie Sie die einzelnen Fähigkeiten verbessern und weiterentwickeln können. Die Kombination all Ihrer Teilergebnisse ergibt schließlich als Endresultat Ihren Universellen Intelligenzquotienten.

Das Gehirn

Im dritten Kapitel des Buches sind grundlegende Informationen über Ihr Gehirn enthalten. Seine Fähigkeiten und Bestandteile werden beschrieben, einige erstaunliche Fakten über die Möglichkeiten des Gehirns werden präsentiert und Fehlannahmen in diesem Bereich korrigiert. Wenn Sie Ihre geistigen Leistungen verbessern wollen, ist es wesentlich, Ihre Kenntnisse über die Funktionsweise des Gehirns zu erweitern.

Ein gesunder Geist in einem gesunden Körper

Die alten Griechen und die Römer, die zwei der größten Kulturen der Menschheitsgeschichte und zahlreiche Genies hervorbrachten, waren von der Gültigkeit des Prinzips „mens sana in corpore sano“ (ein gesunder Geist in einem gesunden Körper) überzeugt.

Im vierten Kapitel werden Fakten über Ihren Körper beschrieben, die ebenso erstaunlich sind wie jene, die sich auf die Möglichkeiten Ihres Gehirns beziehen. Wir erforschen die Wechselbeziehungen zwischen Gehirn und Körper und erklären Ihnen, wie Sie Schritt für Schritt gleichzeitig Ihr geistiges und Ihr körperliches Genie entwickeln können. Wir zeigen, dass nicht nur die allgemeine Fitness, sondern auch die Ernährung, Suchtgifte, Schlaf- und Erholung, Sex und die geistige Einstellung Ihre Leistungen beeinflussen.

Die Gehirn-Prinzipien

In diesem Teil des Buches stellen wir Ihnen sechs neue Gehirn-Prinzipien vor, die zu beschleunigtem Lernen und rascher Weiterentwicklung der gesamten Intelligenz führen. Wenn Sie diese erfasst haben, werden Sie wissen, weshalb der irische Schiftsteller James Joyce (1882–1941) in seinem Werk Ulysses (1922) geschrieben hat:

„Ein genialer Mensch macht keine Fehler. Seine ‚Irrtümer‘ sind Ausdruck seines Willens und die Pforten zu neuen Entdeckungen“.

Gedächtnis

Genies sind dafür bekannt, dass sie über ein ausgezeichnetes Gedächtnis und ein hervorragendes Konzentrationsvermögen verfügen, aber auch über die Fähigkeit, zu lernen, wie sie ihr Erinnerungsvermögen verbessern können. Für zahlreiche Menschen sind

Gedächtnis und Konzentration jedoch Problembereiche. Das zeigen weltweit durchgeführte Erhebungen, in denen die Befragten gebeten wurden, jene geistigen Bereiche zu nennen, in denen sie am häufigsten Schwierigkeiten beim Gebrauch ihres Gehirns haben. Im Kapitel 6 erklären wir die dem Gedächtnis zugrunde liegenden Prinzipien und geben einen Überblick über Methoden, die Ihnen dabei helfen werden, Ihr Erinnerungsvermögen zu verbessern.

Kreativität

Dies ist jene Qualität, die allgemein meist mit Genie verbunden wird. Gleichzeitig wird Kreativität aber auch am häufigsten falsch verstanden oder nicht richtig definiert. Wir schlagen in Kapitel 7 ein neues Konzept der Kreativität vor und bieten neue Einsichten. Einsteins $E = mc^2$ enthüllte die explosive und unbegrenzte Natur der Beziehungen zwischen Energie, Materie und der Lichtgeschwindigkeit im physischen Universum. In ähnlicher Weise offenbart unsere neue Formel die sogar noch explosivere Natur der Beziehungen zwischen Energie, Gedächtnis und Kreativität. Den inneren Universen des menschlichen Geistes stehen eine Vielzahl an Unendlichkeiten zur Verfügung.

$$e + M = C^{\infty}$$

Die oben und am Beginn dieser Einleitung angeführte Formel zeigt, dass Energie plus Gedächtnis unendliche Kreativität ergeben. Wenn Sie die in diesem Buch enthaltenen Abschnitte über Gedächtnis, Kreativität und Mind Mapping® lesen, werden die Bedeutung und die Kraft dieser Gleichung zunehmend klarer werden. Die Gleichung beweist grundsätzlich, dass die Fähigkeit des menschlichen Gehirns, Probleme zu lösen und Neues zu erschaffen, unbegrenzt ist, sofern die Gleichung korrekt angewandt wird. Die großen Genies der Vergangenheit, wie etwa Leonardo da Vinci, Wolfgang Amadeus Mozart oder Johann Wolfgang von Goethe, verstanden es in herausragender Weise, sie umzusetzen.

Schnelllesen

Während Sie in diesem Moment lesen, mögen Sie vielleicht annehmen, dass Sie dies mit Ihren Augen tun. Tatsächlich lesen Sie aber mit Ihrem Gehirn! In Kapitel 8 erforschen wir diesen wesentlichen Zugang zum Lesen eingehend. Wenn Sie jene Prinzipien anwenden, über die wir Ihnen in diesem Teil des Buches einen Überblick geben, wird Ihre Fähigkeit, Informationen aufzunehmen und zu lernen, wesentlich zunehmen.

Mind Mapping®

Im Kapitel 9 führen wir Sie in das Radiale Denken und seine natürliche Erweiterung, die Mind Map®, ein. Diese revolutionäre neue Form des Erinnerns, Kreierens, Analysierens, Organisierens, Problemlösens und Kommunizierens ist ein natürlicher Ausdruck unserer Gleichung, die Energie, Gedächtnis und Kreativität verbindet. Mind Mapping® wird Ihnen dabei helfen, Ihre vielseitigen, universellen Intelligenzen freizusetzen, und zwar in einer Art, die Sie bislang wohl nicht für möglich gehalten hätten.

Denksport

Die Vorteile körperlichen Trainings sind altbekannt. An jeder Schule enthält der Lehrplan Turnen, Sport und Spiele, und Fitness- und Aerobic-Training sind während der vergangenen Jahrzehnte zu einem rasch wachsenden Wirtschaftszweig geworden.

Dass Denksport dasselbe für das Gehirn bewirken kann, was physisches Training für den Körper tun kann, ist hingegen noch nicht Bestandteil des Allgemeinwissens. Strategiespiele wie Schach und Dame, Kartenspiele wie Bridge und Poker, die großen Spiele des Ostens wie Go und Shogi auszuüben oder auch nur das Lösen von Kreuzworträtseln verschafft Ihnen im Grunde genommen eine Art „tragbares Fitnesscenter für den Geist. Mehr noch: Es wurde entdeckt, dass Denksport sowie das Hören klassischer Musik tatsächlich Ihren IQ erhöhen kann. Mehr dazu in Kapitel 10.

Ein Universalgenie

Im abschließenden Teil (Kapitel 11) dieses Buches wollen wir Ihnen eine kurze Beschreibung des Lebens von Leonardo da Vinci geben. Nicht nur deshalb, weil da Vincis Einsichten in das Wesen von Erkenntnis und Wissenserweiterung auch in dieses Buch eingeflossen sind, sondern weil es ihm im Kontext seiner Zeit möglich war, nahezu all seine Genie-Qualitäten auch praktisch umzusetzen. Was für da Vinci galt, kann heute ebenfalls als Richtschnur für die möglichst umfassende Nutzung Ihres geistigen Potenzials gelten: Streben Sie danach, Ihre Fähigkeiten auf allen in diesem Buch beschriebenen Gebieten zu erweitern, und beginnen Sie noch heute damit, dieses Zukunftsziel zu verwirklichen.

1

DIE GENIE-QUALITÄTEN

Vor den schwierigsten aller Intelligenztests stellt uns der Planet Erde. Denn jeder Mensch muss Sekunde für Sekunde seine Fähigkeit unter Beweis stellen, den vielfältigen Herausforderungen in seiner Umwelt zu begegnen. Das Ausmaß unserer Intelligenz bestimmt das Niveau, auf dem wir diese Aufgabe lösen und somit auch unsere Chancen zu überleben.

TONY BUZAN

Im Zuge unserer Forschungsarbeiten haben wir das Leben von über 100 Genies genau untersucht, von den Erbauern der ägyptischen Pyramiden über Sokrates, Platon, Thomas von Aquin und Leonardo da Vinci bis zu Thomas Alva Edison, Albert Einstein, Stephen William Hawking und Bill Gates. Dabei konnten wir die grundlegenden Charakteristika bestimmen, die jedem Genie zu Eigen sind. Diese 20 Genie-Qualitäten sind bei jedem Menschen mit besonderen mentalen Fähigkeiten zu beobachten, ob er nun der Welt der Künste, der Wissenschaft, der Religion, des Geschäftslebens, der Politik, des Sports oder des Theaters angehört. Diese Eigenschaften ergeben in ihrer Gesamtheit die Grundlage, auf der die von uns studierten Genies zur Meisterschaft in ihren jeweiligen Disziplinen gelangen konnten.

In dieser romantisierenden Darstellung von William Blake (1757–1827) hält Isaac Newton einen Zirkel, um damit „das Universum abzumessen".

20 Genie-Qualitäten

1. Leitbild	11. Positive Einstellung
2. Passion	12. Autosuggestion
3. Überzeugung	13. Intuition
4. Engagement	14. Mentoren
5. Planung	15. Vorbilder
6. Konsequenz	16. Ehrlichkeit

7. Aus Fehlern lernen	17. Mut
8. Fachwissen	18. Kreativität und Flexibilität
9. Kenntnis des mentalen Alphabets	19. Enthusiasmus
10. Vorstellungskraft	20. Körperliche, sinnliche und sexuelle Energie

Universelle Intelligenz Test 1: Ihr Genie-Quotient

Um Ihren Genie-Quotienten zu bestimmen, müssen Sie das Ausmaß, in dem Sie selbst über die erwähnten Charakteristika großer Geister verfügen, den Tatsachen entsprechend bewerten. Bei diesem Test und auch bei allen anderen in diesem Buch ist es von wesentlicher Bedeutung, dass Sie mit sich selbst so ehrlich wie möglich sind. Nur wenn Sie wissen, wo Sie derzeit wirklich stehen, können Sie klare Zielsetzungen für die Zukunft definieren und damit beginnen, Ihr eigenes Genie zu entdecken und zu entwickeln. Sie werden auch bemerken, dass Aufrichtigkeit zu jenen Eigenschaften zählt, über die alle großen Genies verfügten. Bemühen Sie sich also, möglichst ehrlich zu sein.

Um sich selbst mit den großen Genies zu vergleichen, sollten Sie sich für jede Genie-Qualität auf einer Skala von 0 bis 100 bewerten (0 = nicht vorhanden; 100 = perfekt). Wenn Sie beispielsweise beim ersten Charakteristikum von Genies, dem Leitbild, den Eindruck haben, dass Sie selbst keinerlei klar definierte

Zukunfts- oder Lebensziele haben, dann bewerten Sie sich mit 0. Wenn Sie jedoch der Ansicht sind, dass Sie Ihr Leitbild stets sehr deutlich vor Augen haben und all Ihre Aktivitäten darauf ausrichten, dann können Sie sich in diesem Bereich mit 100 einstufen.

Wenn Sie die nun folgenden Definitionen der 20 Genie-Qualitäten nachlesen, sollten Sie also darüber nachdenken, in welchem Ausmaß die einzelnen Charakteristika auf Sie selbst zutreffen.

Vielleicht werden Sie es in der Folge auch interessant finden, die detaillierte Beschreibung der Eigenschaften von Leonardo da Vinci (siehe Seiten 215ff.) zu studieren. Sie können dann einschätzen, wie sehr dieser bedeutende Kopf über bestimmte Genie-Qualitäten verfügte und diese Bewertung mit jener vergleichen, die Sie für sich selbst getroffen haben.

Zu Ihrem eigenen Vorteil sollten Sie über jedes Genie-Charakteristikum gründlich nachdenken und sich selbst möglichst exakt einstufen. Vermeiden Sie, Ihrem Wunschdenken zu folgen und sich so zu sehen, wie Sie gerne wären. Bewerten Sie sich stattdessen in Relation dazu, wie sehr bestimmte Qualitäten Ihrer Ansicht nach wohl bei großen Genies ausgeprägt waren oder sind, und bestimmen Sie auf dieser Basis ihr *wahres* Niveau.

Lesen Sie die Beschreibung jedes Merkmals, und tragen Sie dann Ihre Bewertung für sich selbst in die Tabelle auf Seite 41 ein, bevor Sie dann zu der nächsten Genie-Qualität übergehen. Wiederholen Sie diesen Einstufungsprozess für jedes der 20 Genie-Charakteristika.

1. Leitbild

Das Ausmaß, in dem Sie das Erreichen der Zukunftsziele für Ihr Leben zu einem Prinzip für all Ihre Aktivitäten machen, diese Ziele präzise formulieren, in Ihrer Vorstellung verankern und auch umfassend verstanden haben. Für alles, was Sie persönlich (oder ein Team) tun, sollte Ihr Leitbild die „Richtschnur sein.

Einer der „Größten" aller Zeiten in diesem Bereich war derjenige, der für eben dieses Zitat berühmt ist: der Box-Weltmeister Muhammad Ali. Er hatte ein so klares Bild seiner zukünftigen Erfolge vor Augen, dass er bis zu acht Monate vor einem Kampf Runde für Runde dessen Verlauf beschrieb und als Höhepunkt jene Runde angab, in der er gewinnen würde, sowie auf welche Art dies geschähe.

Seine Vorhersagen waren so präzise, so überzeugend und so detailreich ausgeführt, dass sie sich auch in den Köpfen seiner Gegner festsetzten. Dies bewirkte, dass sie schließlich Muhammad Alis Vorstellungen vom jeweiligen Kampf übernahmen und in diesem fast perfekt „kooperierten", wodurch sie ihre eigene Niederlage herbeiführten.

2. Passion

Unter „Passion" sollen Sie bewerten, wie stark Ihr „innerer Drang" ist, Ihr Leitbild auch umzusetzen und all das zu verwirklichen, was Sie für sich und andere Menschen erreichen wollen. Die großen Genies beschrieben die Leidenschaft, mit der sie sich ihrer Aufgabe verschrieben hatten, oft als „brennend" oder einem „Hungergefühl" ähnlich.

Faraday etwa war zwar nur ein einfacher Buchbinder, doch er war so von dem Wunsch besessen, alles über die Elektrizität in Erfahrung zu bringen, dass er sich als Hilfskraft in den Laboratorien der großen Forscher seiner Zeit verdingte und dort Reagenzgläser reinigte. So gelang es ihm, sich gleichzeitig deren Wissen anzueignen und sein neues „Handwerk“ von Grund auf zu erlernen.

Ein ähnliches Beispiel stammt aus dem Leben Michelangelos. Sein Verlangen, einzelne seiner Meisterwerke aus ganz bestimmten Marmorstücken zu schaffen, war so groß, dass er auch die Steinbrucharbeiten zur Beschaffung der entsprechenden Blöcke plante und beaufsichtigte. In zahlreichen Fällen wartete Michelangelo auch Jahre, bis er genau jene Rohmaterialien zur Verfügung hatte, die seinen Wünschen entsprachen.

3. Überzeugung

Alle Genies, deren Leben wir erforscht haben, hatten einen starken Glauben an Ihre eigenen Fähigkeiten und an jene ihrer Freunde, Mentoren und Mitstreiter. Sie hatten die mentale und dadurch auch die physische Kraft, Ihre Lebensziele zu erreichen. Genies brauchen ein unerschütterliches Vertrauen, dass sie aufgrund ihrer Fähigkeiten in der Lage sind, ihre Wunschvorstellungen zu verwirklichen. Denn es ist oft so, dass sie wegen ihrer genialen Neuinterpretationen bestimmter Sachverhalte von jenen angegriffen werden, denen das Verständnis dafür noch fehlt.

Dieses Phänomen beschreibt auch der irisch-englische Dichter und Satiriker Jonathan Swift (1667–1745) in seinen *Thoughts on Various Subjects* (1711):

„Ein wahres Genie kann leicht daran erkannt werden, dass alle Dummköpfe gemeinsam gegen seine Ansichten auftreten."

4. Engagement

Dieses Charakteristikum bezieht sich sowohl auf die Passion oder Leidenschaftlichkeit, mit der bestimmte Ziele angestrebt werden, als auch auf die Überzeugung, dass diese tatsächlich erreicht werden können. Im Speziellen bedeutet Engagement in diesem Zusammenhang eine Art „innere Übereinkunft", dass Leitbild, Passion und Überzeugung auch bestmöglich in Taten umgesetzt werden. Die meisten Genies oder Weltmeister bekunden ihr Engagement öffentlich, schreiben es nieder, sammeln eine kleine oder größere Gruppe von Menschen um sich, die sich denselben Zielen verschrieben haben, oder führen alle drei eben erwähnten Aktivitäten aus.

Ein großes Genie, nämlich der Schachweltmeister Garri Kasparow, wird oft als jener Mensch bezeichnet, der sich bislang am meisten dafür einsetzte, diesen Titel zu erringen. Nachdem er sich gegen die gigantische Maschinerie des sowjetischen Schachverbandes durchgesetzt hatte, nach dessen Wunsch sein Hauptrivale Anatoli Karpow Weltmeister bleiben sollte, wurde Kasparow im Widerspruch zu den geltenden Bestimmungen der Titel abgesprochen. Doch Kasparow trat zu einem weiteren Wettspiel an, um ihn zurückzugewinnen. In der Folge musste er jedoch gegen den Schach-Weltverband (FIDE) kämpfen, der ebenfalls versuchte, ihm die Weltmeisterschaft wieder abzuerkennen.

Kasparows Engagement war so ausgeprägt, dass er weder die Konfrontation mit der FIDE noch jene mit seinem Rivalen am Schachbrett scheute und gleichzeitig eine neue internationale Schachorganisation etablierte, die Professional Chess Association. Durch sein ausgeprägtes persönliches Engagement gelang es ihm, bei all diesen Streitigkeiten erfolgreich und zugleich der beste Schachspieler aller Zeiten zu bleiben.

5. Planung

Der Bereich Planung umfasst die Klarheit, Präzision und Zielgerichtetheit, mit der die kurz-, mittel- und langfristigen Konzepte zur Verwirklichung der gesamten Zukunftsziele definiert sind (dies beinhaltet auch, dass Pläne anderen Menschen in angemessener Form kommuniziert werden).

Ein gutes Beispiel für besondere Leistungen auf diesem Gebiet ist etwa Chin Shi Huangdi, der erste Chin-Kaiser. Er erstellte nicht nur in allen Einzelheiten ein Konzept für die Reorganisation von ganz China, der größten und ältesten Zivilisation der Welt, sondern er ließ auch die Chinesische Mauer vollenden, eine planungstechnische Meisterleistung.

Chin setzte sein Genie sogar für die Planung seines Lebens nach dem Tode ein. Er ließ für sein Grabmal ein ausgedehntes und detailgenaues „zweites Kaiserreich“ errichten mit Nachbildungen einer 6000 Mann starken Armee zu seinem Schutz. Jedem Mitglied dieser Streitkräfte aus gebrannter Tonerde wurden die Gesichtszüge von einem von Chins Soldaten verliehen.

6. Konsequenz

Die meisten großen Genies und Weltmeister sind in der Lage, ihre Ziele auch angesichts zahlreicher Fehlschläge weiterzuverfolgen. Sie machen weiter, wenn andere längst aufgegeben hätten.

Ein bewundernswertes Beispiel für derartige Beharrlichkeit ist der große amerikanische Dame-Weltmeister Dr. Marion Tinsley. Der auch körperlich außerordentlich gut trainierte 65-Jährige spielte zwei Wochen lang acht Stunden täglich an fünf Tagen pro Woche gegen einen besonders unerbittlichen Gegner: den Computer Chinook (den offiziell zweitbesten Spieler der Welt mit 27 Milliarden möglichen Stellungen im Damespiel in seiner Datenbank). Im abschließenden Spiel gelang Tinsley der entscheidende Erfolg, worauf er von seinem Stuhl aufsprang und ausrief: „Ein Sieg für die Menschen.“

Die wohl bekannteste Geschichte über außerordentliche Konsequenz wird über Thomas Edison erzählt. Als er bereits 5000 Arten zur Erzeugung von Licht durch Elektrizität erfolglos ausprobiert hatte, behaupteten seine Kritiker, es sei verrückt, in einer derartigen Situation nicht aufzugeben. Doch Edison antwortete, da er der einzige Mensch sei, der inzwischen so viele Ansätze kenne, nach denen seine Experimente nicht funktionierten, sei er mit Gewissheit auch derjenige, welcher der Wahrheit am nächsten sei.

7. Aus Fehlern lernen

Große Genies verfügen über die erstaunliche Fähigkeit, jedes noch so unerfreuliche Missgeschick als wichtige Erfahrung zu verstehen. So können sie Fehler in einen Schritt zu ihrem nächsten Erfolg umwandeln.

Alberti, da Vinci, Michelangelo, Tizian, Rembrandt, Cézanne, Picasso und Dalí haben alle ihre Erfolge auf einer ganzen Reihe kleinerer Fehlschläge aufgebaut. Und wo wären wir heute, wenn Orville und Wilbur Wright nicht aus ihren eigenen Misserfolgen gelernt hätten!

8. Fachwissen

Genies, Olympiateilnehmer und Weltmeister sind dafür bekannt, dass ihr Durst nach Wissen in ihrem speziellen Bereich und oft auch in Bezug auf viele andere Gebiete unersättlich ist. Die Namen Aristoteles, Thomas von Aquin, Kopernikus, Shakespeare, Newton, Goethe, Darwin und Einstein mögen als Beleg dafür dienen, dass ein umfassendes grundlegendes Wissen in einem bestimmten Bereich die Voraussetzung dafür ist, in eben diesem außerordentliche Leistungen anzustreben. Nur auf einer soliden Basis können neue große Gedanken entstehen.

9. Kenntnis des mentalen Alphabets

Als Kenntnis des Alphabets bezeichnen wir üblicherweise die Fähigkeit, die Buchstaben zu erkennen, und das Wissen, wie aus ihnen Wörter, Sätze oder sogar Bücher gebildet werden. Die Kenntnis des numerischen Alphabets umfasst das Verständnis von Ziffern sowie die Fähigkeit, sie in zunehmend komplizierterer Weise zu kombinieren und zu verknüpfen. Am höchsten ist jedoch die Kenntnis des „mentalen Alphabets" zu bewerten. Darunter wird einerseits das Wissen um die physische Struktur und Natur des menschlichen Gehirns verstanden, beispielsweise aus welchen größeren und kleineren Teilen es besteht, wie etwa der Großhirnrinde und den Gehirnzellen. Andererseits geht es hier auch um Kenntnisse über die Funktionsweise des Gehirns, speziell im Bereich der Verstandesfähigkeiten Gedächtnis, Kreativität und Lernen sowie der Denkprozesse im Allgemeinen.

Das moderne Konzept eines mentalen Alphabets bzw. der „geistigen" Alphabetisierung ist noch relativ neu und resultierte aus der raschen Zunahme des Wissens über die physische Funktionsweise des Gehirns in den vergangenen Jahrzehnten. Dennoch spielte es indirekt auch schon bei den großen Genies der Vergangenheit eine bedeutende Rolle, insofern, als sie ihr Denkorgan, wie auch immer sie sich dieses vorstellen mochten, als ihren wichtigsten Körperteil betrachteten und versuchten, es zu unterstützen und zu fördern.

Viele jener über 100 Genies, deren Lebenslauf wir im Zuge der Recherchen für dieses Buch erforschten, vollbrachten nicht nur auf ihrem Fachgebiet außerordentliche Leistungen, sondern waren oder sind auch für ihr hervorragendes Gedächtnis bekannt. Dies trifft speziell auf Homer, Alexander den Großen, Leonardo da Vinci, William Pitt den Älteren, Thomas Jefferson, Wolfgang Amadeus Mozart, Napoleon, Igor Strawinski oder Bill Gates zu.

Wie wichtig das Wissen um die Funktionsweise des Gehirns und das stetige Anwenden und Üben geistiger Fähigkeiten ist, zeigt auch das Beispiel von Dominic OBrien, dem Gedächtnisweltmeister des Jahres 1993, der zudem 1994 von der internationalen Vereinigung Brain Trust mit dem Titel „Brain of the Year" ausgezeichnet wurde. OBrien übt jeden Tag zumindest vier Stunden lang eine ganze Palette mentaler und physischer Fähigkeiten. Sein Trainingsprogramm beinhaltet unter anderem morgendliche Walking- und Jogging-Runden, bei denen er sich zugleich in komplizierten Gedächtnistechniken übt, die auf der Basis von „Ortssystemen, „mentalen Pfaden" und „geistigen Landkarten" funktionieren.

10. Vorstellungskraft

Diese Genie-Qualität umfasst die Fähigkeit, innerlich Bilder entstehen zu lassen, Gedanken zu „sehen" und sich die Resultate bestimmter Pläne und Zielsetzungen visuell vorzustellen. Alle großen Genies, deren Leben und Werk wir während der Recherchen zu diesem Buch analysiert haben, nutzten ihre Vorstellungskraft dafür, starke innere Bilder und „Zukunftsvisionen" zu entwerfen. Den Großteil ihres Lebens verbrachten sie, wie etwa Michelangelo, damit, alles zu entfernen, was nicht ihrem Leitbild entsprach, bis dieses schließlich Wirklichkeit geworden war.

11. Positive Einstellung

Eine realitätsbezogene positive Einstellung umfasst Enthusiasmus, Optimismus, Schaffenskraft, Vertrauen in die eigenen Fähigkeiten und Offenheit für günstige Gelegenheiten, um so aus jeder Situation das Beste machen zu können. Ganz im Gegensatz zu wirklichkeitsfremdem Wunschdenken basiert sie auf einer präzisen Einschätzung von Ereignissen und dem Streben, sich möglichst viele Chancen zu eröffnen.

Alle bedeutenden Köpfe der Menschheitsgeschichte waren von einer positiven Einstellung beseelt. Ganz speziell gilt des jedoch für diejenigen, die in Kämpfe involviert waren, wie etwa Alexander der Große, Suleiman der Prächtige, der Herzog von Wellington, Mahatma Gandhi und Muhammad Ali. Andere Beispiele aus der Welt des Sports sind etwa die Weltmeister Chionofuji (Sumo-Ringen), Daley Thompson (Zehnkampf), Steve Ovett und Sally Gunnell (Leichtathletik), Mark Spitz (Schwimmen) und Mary Lou Retton (Sportgymnastik).

Ein weiteres anschauliches Beispiel ist Greg Normans Erfolg gegen Nick Faldo in der Finalrunde der British Open 1993, der als eine der bemerkenswertesten Leistungen in der Geschichte des Golfsports gilt. *The Sunday Times* berichtete darüber Folgendes: „Norman verwandelte jeden seiner schlechten Schläge letztlich in einen für ihn besonders positiven, ganz so, als ob das Überwinden von Misserfolgen ein notwendiger Bestandteil von wahrhaft großartigem Golf sei. Norman selbst meinte dazu nur:

„Der springende Punkt ist, eine positive Einstellung zu haben. Was immer mir auch zustößt, ich weiß, dass ich damit fertig werden kann.

12. Autosuggestion

Unter „Autosuggestion“ wird hier das Ausmaß verstanden, in dem Sie sich aktiv und positiv selbst beeinflussen, und zwar in einer Weise, die Sie beim Erreichen Ihrer Zielsetzungen unterstützt. Wir alle führen innerlich „Selbstgespräche“. Psychologische Forschungsarbeiten haben jedoch gezeigt, dass 90 Prozent davon tendenziell negativ sind, etwa in der Art von „Ich bin zu müde“, „Das werde ich niemals schaffen“ oder „Ich bin dumm“.

Die Geisteskraft unserer Genies war hingegen zumindest zu 90 Prozent positiv ausgerichtet. Sie beeinflussten sich sogar selbst, indem sie laute Selbstgespräche führten. Der englische Schriftsteller Charles Dickens hatte beispielsweise die Gewohnheit, laut zu den Figuren seiner Romane zu sprechen. Albert Einstein pflegte durch seine Arbeitsräume zu gehen und dabei laut zu lachen. Was ihn so amüsierte, waren seine „Konversationen mit seinen Formeln und dem Universum.

Beobachten Sie auch einmal Spitzensportler, und Sie werden sehen, dass diese ihrer positiven Einstellung, ihren klaren Zukunftszielen und ihrem Engagement durch Anweisungen an sich selbst Ausdruck geben. Dadurch werden diese Athleten die besten Trainer für sich selbst.

13. Intuition

Intuition ist die Gabe, in verschiedensten Situationen zu „fühlen“ oder zu „erspüren“, welche Möglichkeiten für das Erreichen eines Zieles vorhanden sind und wie wahrscheinlich ein Erfolg ist. Intuition könnte auch als ein dem logischen Denken übergeordnetes System beschrieben werden, innerhalb dessen das Gehirn sein historisches Muster von vielen Quadrillionen von Bits an Informationen mit dem neuen, aus der Erfahrung gewonnenen Muster abstimmt.

Die Intuition bewirkt die scheinbar in einem einzigen Augenblick erfolgende Erleuchtung in Form neuer Erkenntnisse (Archimedes und sein „Heureka!“), schlagartiger Eingebungen militärischer Genies (Nelson) oder plötzlicher Einsicht, dass ein bestimmtes Projekt erfolgreich sein wird (Walt Disney und *Fantasia*). Das Gefühl, das wir in derartigen Situationen erleben, resultiert aus den körperlichen Reaktionen auf die im Gehirn ablaufenden Berechnungen.

In den meisten Fällen sind intuitive Erkenntnisse zuverlässig und richtig. Die notwendige Sensibilität kann erlernt und weiterentwickelt werden. Bei den großen Genies ist zu beobachten, dass sie ihrer Intuition in weit höherem Ausmaß vertrauten, als sich beispielsweise ihre Zeitgenossen auf ihre eigenen Eingebungen verließen.

14. Mentoren

Mentoren und Berater sind jene Personen, die unmittelbar Einfluss auf einen Menschen ausüben und diesem bei der Umsetzung seines Leitbildes und beim

Erreichen seiner Ziele Unterstützung geben. Welche Qualitäten sprechen Sie nach Ihrer Einschätzung Freunden, Beratern und Förderern zu, die Ihnen zur Verfügung stehen?

Unsere Studien über das Leben von zahlreichen Genies haben deutlich gezeigt, dass diese in aller Regel keine isolierten Individuen, sondern im Gegenteil oft schon in jungen Jahren von den besten Köpfen ihrer Zeit umgeben waren. Laotse standen Buddha und Konfuzius zur Verfügung, für Konfuzius waren es Buddha und Laotse. Platon konnte von der Weisheit des Sokrates profitieren, Alexander der Große von der des Aristoteles. Das Phänomen des gegenseitigen Austauschs und der wechselseitigen Beeinflussung bedeutender Köpfe ist über die Jahrhunderte hinweg durchgehend zu beobachten und spielt in der Gegenwart nach wie vor eine große Rolle: beispielsweise in der Kooperation der Wissenschaftler Francis Crick und James Watson, die für die Entdeckung der Struktur der Desoxyribonukleinsäure (DNA) mit dem Nobelpreis ausgezeichnet wurden. Bill Gates wird nicht nur dank günstiger Umstände von Geistesgrößen umgeben, sondern deshalb, weil er stets danach trachtete, die besten Köpfe des Planeten als seine Berater einzustellen.

Wenn Sie die Qualität Ihrer eigenen „Mentoren" einschätzen, sollten Sie über jene zehn Personen nachdenken, deren Ratschläge für Sie am meisten Gewicht haben. Diese Gruppe kann neben Freunden auch Arbeitskollegen oder Mitglieder Ihrer Familie beinhalten.

15. Vorbilder

In unseren Studien haben wir herausgefunden, dass die großen Genies ohne Ausnahme Vorbilder hatten, an deren Leben und Handeln sie sich orientierten. Dabei handelte es sich entweder um historische Personen, Menschen aus der jeweiligen Zeit, mit denen sie jedoch nicht persönlich bekannt waren, oder um mythische Figuren. Auffallend ist auch die Tatsache, dass viele der Genies, deren Leben wir erforscht haben, wiederum andere Genies als Idole wählten. Vielleicht haben auch Sie selbst sich bereits ein Genie zum Vorbild genommen oder werden dies in näherer Zukunft tun?

Laotse und Konfuzius, die beiden chinesischen Philosophen des 6. Jahrhunderts vor Christus, pflegten in Gesprächen ihr Wissen auszutauschen und zu erweitern.

Wenn Sie die Qualität der Gruppe Ihrer Idole bewerten, sollten Sie dabei nicht nur deren Stärken berücksichtigen, sondern vor allem, wie groß Ihr Verständnis für die Leistungen und das Leben dieser Menschen ist und wie viel Wissen Sie darüber besitzen. Außerdem haben Sie auch Pluspunkte verdient, wenn Sie Ihre Vorbilder als eine Art „innerliche" Mentoren betrachten und sich möglichst häufig mit ihnen „beraten".

16. Ehrlichkeit

Große Genies fühlen sich der Wahrheit verpflichtet. Sie sind ihren Freunden gegenüber aufrichtig, aber auch ehrlich zu sich selbst. Die Wahrheit ist für sie die Richtschnur für all ihr Handeln und zugleich ein Ort der Zuflucht und des Trostes. In zahlreichen berühmten Werken wird auf die Wahrheit Bezug genommen.

Von Milton stammt folgendes Zitat:

„Das strahlende Antlitz der Wahrheit erblicken, in der herrlich ruhigen und stillen Atmosphäre des Studierens." Und Shakespeare hat sinngemäß geschrieben: „Ruhmreich ist es, streitbare Könige zu besänftigen, die Falschheit zu entlarven und die Wahrheit ans Licht zu bringen."

Denken Sie daran, aufrichtig zu sein, wenn Sie sich selbst in dieser Kategorie bewerten.

17. Mut

Oft wird davon ausgegangen, dass Geistesgrößen weniger Ängsten ausgesetzt seien als ihre Mitmenschen. Das Gegenteil davon scheint wahr zu sein. Die Genies der Vergangenheit waren so stark auf die

Verwirklichung ihrer Zukunftsvisionen ausgerichtet und ihr Engagement dafür war so umfassend, dass sie auch mit einer überproportional großen Furcht zu kämpfen hatten, ungünstige Umstände könnten sie daran hindern, ihre Ideen in die Tat umzusetzen. Ihre Ängste waren sogar größer als diejenigen von Mitmenschen, die ihren „Daseinszweck nicht so klar vor Augen hatten wie die großen Genies. Die Stärke der Geistesgrößen bestand jedoch darin, dass sie in der Lage waren, sich mit ihren Ängsten auseinander zu setzen, sie anzunehmen und ihnen schließlich mutig gegenüberzutreten und sich so von ihnen zu befreien.

Der Psychologe Frank Herbert gibt in Kurzform eine „Anleitung" dafür, wie Angst überwunden werden kann. In seinem Roman *Dune*, der die Entwicklung höchsten Genies beschreibt, ist das Mantra „Vernichtung der Vernichtung", eine Art magische Formel, enthalten. Darin heißt es:

„Angst ist wie ein kleiner Tod und bringt völlige Vernichtung mit sich. Ich werde meinen Ängsten gegenübertreten. Ich werde zulassen, dass sie mich erfüllen, und sie dann überwinden. Und wenn die Angst von mir gewichen ist, werde ich versuchen, innerlich nachzuvollziehen, auf welchem Wege sie entstanden ist. Wenn die Angst von mir gewichen ist, wird nichts mehr von ihr übrig bleiben. Nur ich selbst werde da sein."

18. Kreativität und Flexibilität

Diese Genie-Qualität bezieht sich auf Ihr persönliches Vermögen, neue Ideen zu erschaffen, Dinge aus unterschiedlichen Blickwinkeln zu betrachten oder neue

Wege zur Lösung von Problemen zu finden. Dieser Bereich umfasst auch, in wie weit Sie bei Denkprozessen Sinnesreize einsetzen, um so ein breiteres Spektrum ihrer kognitiven Fähigkeiten zu nutzen. Denken Sie auch darüber nach, ob Ihr Geist stets offen, wach, neugierig und an neuen Entdeckungen interessiert ist.

Im Zuge unserer Forschungsarbeiten haben wir festgestellt, dass militärische Genie-Leistungen nur wenig mit der Größe oder Stärke einer Armee zu tun hatten. Ausschlaggebend waren vielmehr die Kreativität und die Flexibilität ihrer strategischen Anführer. Große wissenschaftliche und künstlerische Leistungen werden ebenfalls wesentlich durch die Fähigkeit zu Kreativität und Flexibilität bestimmt.

19. Enthusiasmus

Die großen Genies waren nicht nur an der Umsetzung ihrer persönlichen Zukunftsvisionen interessiert, sondern nahmen alles, was mit ihrem Fachgebiet und verwandten Feldern zu tun hatte, begierig auf. Unsere Studien haben gezeigt, dass der Enthusiasmus der Geistesgrößen der Vergangenheit meist so groß war, dass sie sehr umfassendes und vielfältiges Wissen erwarben. Sehr häufig waren die großen Genies auch ausgezeichnete Lehrer und in dieser Rolle eine nahezu unerschöpfliche Quelle der Inspiration für ihre Schüler.

Sokrates, Euklid, Suleiman der Prächtige, Bach, Faraday, Maria Montessori und Martha Graham sind nur einige Beispiele dafür, dass diejenigen, die wirklich wissen, wie etwas gemacht wird, dies auch unterrichten.

Wenn Sie sich selbst in dieser Kategorie einstufen, sollten Sie bewerten, wie stark Ihr Wille ausgeprägt ist, Ihr Fachwissen an andere weiterzugeben, und in welchem Ausmaß Sie sich dabei von Hindernissen nicht irritieren lassen.

20. Energie (körperliche/sinnliche/sexuelle)

Die großen Genies waren und sind ohne Ausnahme dafür bekannt, dass sie in ungewöhnlich hohem Ausmaß über physische, sinnliche und sexuelle Energie verfügen oder verfügten. Unserer Überzeugung nach ist dies eine natürliche Folge, wenn ein bedeutender Geist über ein klares Leitbild in Verbindung mit allen 19 weiteren Genie-Qualitäten verfügt.

Ein ausgezeichnetes Beispiel dafür ist etwa Iwan Pawlow, der nur durch seine außerordentliche Energie das Leben des großen englischen Psychologen Dr. Robert Thouless veränderte. Und niemand sollte von Einsteins großer Begeisterung für das andere Geschlecht überrascht sein.

Errechnen Sie Ihren Genie-Quotienten (GQ)

Tragen Sie jene Noten, die Sie sich selbst für die 20 Genie-Qualitäten geben, in die Tabelle ein. Bewerten Sie sich nach einigen Monaten nochmals oder, falls Sie intensive Anstrengungen unternommen haben, sich zu verbessern, auch nach kürzerem zeitlichen Abstand.

Verwenden Sie die Tabelle, um Ihre Fortschritte zu dokumentieren.

Versuchen Sie, so ehrlich wie möglich zu sein, wenn Sie sich selbst einstufen. Falls Sie Schwierigkeiten haben, sich selbst objektiv einzuschätzen, kann es hilfreich sein, jemand anderen, der Sie gut kennt, nach seiner Meinung zu fragen. Sobald Sie Ihr Gesamtergebnis durch Addieren der Werte für die einzelnen Genie-Qualitäten bestimmt haben, können Sie anhand der folgenden „Erklärungen zu den Resultaten" nachlesen, wie es zu interpretieren ist.

Während wir Leben und Werk von zahlreichen Genies erforscht und ihre wesentlichen Charaktermerkmale erfasst haben, fanden wir drei höchst erstaunliche Tatsachen heraus.

Erstens zeigte sich, dass die Genie-Qualitäten mehr sind als nur individuelle Eigenschaften, die mehr oder weniger stark ausgeprägt sein können. Sie sind viel eher mit einer chemischen, mathematischen oder physikalischen Formel vergleichbar, da, wie bei diesen, alle Elemente notwendig sind, um ein ausgewogenes und richtiges Ganzes zu ergeben.

Zweitens müssen die einzelnen Fähigkeiten außerordentlich fein aufeinander abgestimmt sein. Das Konzept der Genie-Qualitäten kann man sich bildhaft auch wie einen „20-Füßler" (ein imaginäres Wesen mit 20 Beinen, ähnlich einem Tausendfüßler) vorstellen. Bei einem Tausendfüßler hätte der Verlust eines Beines jedoch relativ wenig Bedeutung und könnte problemlos bewältigt werden. Bei unserem „20-Füßler" hingegen hat der Verlust eines Beines (also eines Genie-Charakteristikums) dieselben verheerenden Folgen

		Ihr Wert (0 = nicht vorhanden; 100 = perfekt)									
	Datum										
	GQ-Überprüfung	1.	2.	3.	4.	5.	6.	7.	8.	9.	10.
1.	Leitbild										
2.	Passion										
3.	Überzeugung										
4.	Engagement										
5.	Planung										
6.	Konsequenz										
7.	Aus Fehlern lernen										
8.	Fachwissen										
9.	Kenntnis des mentalen Alphabets										
10.	Vorstellungskraft										
11.	Positive Einstellung										
12.	Autosuggestion										
13.	Intuition										
14.	Mentoren										
15.	Vorbilder										
16.	Ehrlichkeit										
17.	Mut										
18.	Kreativität und Flexibilität										
19.	Enthusiasmus										
20.	Energie (körperliche/ sinnliche/sexuelle)										

wie bei einem zweibeinigen Wesen. Der springende Punkt ist hierbei, dass Sie bei der Entwicklung Ihrer eigenen Genie-Qualitäten darauf achten sollten, dass Sie fortlaufend an allen erwähnten Charakteristika arbeiten.

Drittens kann festgestellt werden, dass die 20 Begriffe zur Beschreibung der Genie-Qualitäten nach sehr sorgfältiger Überlegung ausgewählt wurden. Sie enthalten das Wesentliche jener Konzepte, für die sie stehen. Es mag zwar noch viele andere Worte und Formulierungen geben, um besondere Qualitäten zu beschreiben, aber Sie werden feststellen, dass es sich dabei entweder um Synonyme für die 20 Charakteristika handelt oder dass sie diesen untergeordnet werden können. So wie beispielsweise „innovativ“ und „produktiv“ in den Kategorien „Flexibilität und Kreativität“ sowie „Energie“ enthalten sind. Versuchen Sie beim Weiterlesen Ihr eigenes geistiges Bild der Genie-Charakteristika zunehmend klarer zu gestalten.

Der Abschnitt „Erklärungen zu den Resultaten“ erklärt Ihr Endergebnis im Bereich Genie-Quotient (GQ). Er soll Ihnen dabei helfen, Ihre persönlichen Zielsetzungen für die Zukunft festzulegen. Außerdem werden Empfehlungen für die fortlaufende Entwicklung Ihres eigenen Genies und Ihrer Meisterschafts- und Führungsqualitäten gegeben.

Erklärungen zu den Resultaten

2000–1900 (100 bis 95%)
Ein derart hohes Ergebnis im Test des individuellen GQ zeigt, dass Sie zu den Genies gehören und wahr-

scheinlich auch bei allen folgenden Aufgaben hervorragende Resultate erzielen werden. Sie sind von Natur aus dafür bestimmt, jedes Ziel, das Sie sich gesteckt haben, auch zu erreichen.

1900–1800 (95 bis 90%)
Ein Ergebnis in diesem Bereich deutet darauf hin, dass Sie an der Schwelle dazu stehen, ein echtes Genie zu werden. Mit etwas zusätzlicher Anstrengung sowie einem Training jener Fähigkeiten, die bei Ihnen relativ schwach ausgeprägt sind, werden Sie schon bald Genie-Niveau erreichen.

1800–1600 (90 bis 80%)
Ein außerordentlich gutes Resultat. Mit derart hohen Werten werden Sie wahrscheinlich auch bei den anderen Tests in diesem Buch generell gute Ergebnisse erzielen und in Bereichen, denen Ihr spezielles Interesse gilt, sogar Spitzenergebnisse. Sehen Sie sich an, wo Ihre Schwächen liegen, und beginnen Sie so bald wie möglich mit einem darauf abgestimmten, kontinuierlichen Trainingsprogramm, um sich selbst weiterzuentwickeln.

1600–1400 (80 bis 70%)
Überdurchschnittlich. Sehen Sie sich Ihre Testergebnisse nochmals genau an, und denken Sie gründlich darüber nach, welches Ihre Stärken und Schwächen sind. Erstere können Ihnen dabei helfen, an letzteren zu arbeiten, sich zu verbessern und neue Fähigkeiten zu erwerben.

1400–1000 (70 bis 50%)
Sie befinden sich im durchschnittlichen Bereich. Das bedeutet jedoch nur, dass Ihre persönlichen Genie-Qualitäten erst teilweise entwickelt sind und Sie noch einen weiten Weg vor sich haben. Sie brauchen einige „Trainingseinheiten" für Ihr Gehirn, vielleicht lesen Sie etwas mehr als üblich, erlernen eine neue Sprache oder einen neuen Sport.

Unter 1000 (unter 50%)
Unter der Annahme, dass Sie Ihre Fähigkeiten nicht unterschätzt haben, zeigt Ihr Resultat, dass Sie wesentlich weniger als ein Prozent Ihrer bewusst verfügbaren Gehirnkapazität nutzen. Bringen Sie Ihre grauen Zellen ohne weitere Verzögerung in Schwung. Denken Sie über Ihre Lebenseinstellung nach und darüber, was Sie in Zukunft gerne noch erreichen würden. Und dann beginnen Sie damit, Ihre Ziele zu verwirklichen.

2

Ihr Universeller Intelligenzquotient (UIQ)

Die Geschichte der Entwicklung unseres Wissens über die Intelligenz ist faszinierend. Zunächst endete die Suche nach neuen Erkenntnissen oftmals in einer Sackgasse. Trotzdem führten die Bemühungen verschiedener Forscher nach und nach zu immer tiefgründigeren und in der Praxis besser umsetzbaren Einsichten.

Die ersten Versuche, die Intelligenz nach „wissenschaftlichen" Methoden zu messen, wurden zu Beginn des 20. Jahrhunderts unternommen. Die Philosophen waren seit jeher an den kognitiven Fähigkeiten des Gehirns interessiert gewesen, speziell jedoch an den Denkprozessen und an unserem Vermögen, die Welt wahrzunehmen. Nun entstand jedoch eine Art „Wettlauf" mit der frühen Psychologie, die zunächst nach physiologischen Grundlagen für die Intelligenz suchte. Dies beinhaltete beispielsweise die Annahme, dass die relative Geschwindigkeit, mit der Impulse im Nervensystem übertragen werden, möglicherweise ein Indikator für grundlegende Intelligenzunterschiede sei.

Erste Experimente umfassten etwa das Messen der Reaktionsgeschwindigkeit nach Auslösen des so genannten „Kniereflexes" mit dem Ergebnis, dass kein Zusammenhang zwischen der Schnelligkeit, mit der eine Reaktion erfolgte, und der Intelligenz gefunden wurde. Der nächste, scheinbar nahe liegende Schritt war, die Größe der Gehirne besonders gescheiter und besonders einfältiger Menschen zu messen. Dabei wurden zwar kleinere Unterschiede festgestellt, sie waren jedoch zu geringfügig, um statistisch signifikant zu sein.

Dann folgte jedoch die Entwicklung von Intelligenztests zur Bestimmung des so genannten „Intelligenzquotienten" (IQ). Sie wurden von dem Franzosen Alfred Binet (1857–1911) erfunden, der als junger Mann eine erfolgreiche Juristenkarriere aufgab, weil er von den neuen Entdeckungen in der Physiologie und der Psychologie sowie von Mesmerismus und Hypnose fasziniert war. Es wird oftmals fälschlicherweise angenommen, dass Intelligenztests konzipiert wurden, um die „Massen" zu kontrollieren, zu unterdrücken und zu manipulieren sowie die Macht der herrschenden Klasse zu erhalten. Wie so oft in der Geschichte der Entwicklung großer Ideen trifft in Wahrheit exakt das Gegenteil davon zu.

Binet war speziell von den Ansichten des britischen Philosophen und Nationalökonomen John Stuart Mill (1806–1873) beeinflusst, der eine psychologische Theorie vorgeschlagen hatte, die davon ausging, dass komplexere geistige Aktivitäten durch die Verknüpfung einfacherer geistiger Aktivitäten entstünden. Der französische Psychologe war auch am Studium mentaler Fähigkeiten und geistiger Behinderungen interessiert. Ganz besonders beschäftigte ihn jedoch seine Beobachtung, dass an der Wende vom 19. zum 20. Jahrhundert alle Studenten an höheren Schulen und Universitäten aus der Oberschicht kamen.

Aus diesem Grunde machte sich Binet an die Aufgabe, Tests zu entwerfen, die nur auf den geistigen Fähigkeiten von Kindern basierten und die speziell das Vermögen zu begreifen, logisch zu denken und zu urteilen erfassen sollten. Er entwickelte eine ganze Reihe von Fragen, die so konstruiert waren, dass sie unabhängig von der sozialen Schicht, dem Glaubensbekenntnis oder der bisherigen Schulbildung verständlich waren. Binet legte hunderten von Kindern tausende von Fragen vor. Er zeichnete auf, welche davon, falls sie richtig beantwortet wurden, die Vorhersage einer erfolgreichen Schullaufbahn ermöglichten, und welche Fragen, falls sie falsch beantwortet wurden, künftige Schwierigkeiten in der Schule prognostizierbar machten.

Dann errechnete Binet, welche Testergebnisse Vier-, Fünf- und Sechsjährige durchschnittlich erzielten, und setzte diese Werte mit einem IQ von 100 Punkten gleich, also einem normalen oder durchschnittlichen Intelligenzquotienten. Jedem Kind mit einem unterdurchschnittlichen Testergebnis konnte somit ein IQ unter 100 zugeordnet werden, jedem Kind mit überdurchschnittlichen Werten ein IQ über 100. Die Werte, die ein Kind tatsächlich erzielte, wurden als sein „Intelligenzalter" bezeichnet.

Wenn also beispielsweise ein sechsjähriges Kind Werte erreichte, die jenen eines durchschnittlichen achtjährigen Kindes entsprachen, dann wurde sein Intelligenzalter mit acht Jahren festgelegt. Der Intelligenzquotient ergibt sich dann aus der Relation zwischen dem Intelligenzalter und dem Lebensalter, in unserem Beispiel wären dies 8/6 = 1,33. Dieses Zwischenresultat wird dann abschließend noch mit 100 multipliziert woraus sich ein IQ von 133 ergibt.

Doch wie oft liegt ein IQ über der Norm und wie oft unter dieser? Statistisch betrachtet verläuft die Verteilung der Intelligenzniveaus in Form einer sanft geschwungenen „Glockenkurve“. Rund 50 Prozent der Bevölkerung erreichen ein durchschnittliches Intelligenzniveau, 30 Prozent leicht über- und unterdurchschnittliche Werte, 14 Prozent sehr hohe oder sehr niedrige Ergebnisse, und jeweils drei Prozent haben extrem niedrige Werte oder erreichen das Niveau eines „Genies“.

Die Intelligenztests nach Binet waren ursprünglich dafür konzipiert worden, absolute Werte zu erbringen, die sich auch im Verlauf eines Lebens nicht ändern sollten. Doch im Laufe der Zeit wurde die Frage laut, ob der durch diese Tests erhobene Intelligenzquotient tatsächlich als umfassender Maßstab zur Bestimmung der menschlichen Intelligenz betrachtet werden könne.

Zunächst wurde entdeckt, dass mentale Fähigkeiten verschiedenster Art untereinander in einer Wechselwirkung stehen, es zeigte sich, dass Menschen, die in einem Teilbereich gut waren, mit hoher Wahrscheinlichkeit auch in anderen überdurchschnittliche Ergebnisse erzielten. So hat etwa eine Person mit großem Wortschatz mit hoher Wahrscheinlichkeit auch gute mathematische Kenntnisse und ein überdurchschnittliches Gedächtnis. Ebenso gilt, dass jemand, der ein gutes Erinnerungsvermögen hat, tendenziell auch über ein umfangreiches Vokabular verfügt und gute mathematische Kenntnisse besitzt. Dies legte die Annahme nahe, dass Trainingsmaßnahmen in einem Bereich auch andere geistige Gebiete beeinflussen und somit den gesamten IQ verbessern können.

Außerdem stellte sich heraus, dass der IQ bei manchen Kindern mit zunehmendem Alter wesentlich höher wurde, während er bei anderen weitgehend auf demselben Niveau verblieb. Dafür konnte nur die Erklärung gefunden werden, dass im ersteren Fall wahrscheinlich ein Training erfolgt war, das einen wesentlichen Einfluss auf die Entwicklung der Intelligenz des Kindes hatte.

Eine dritte und noch irritierendere Beobachtung war, dass zahlreiche Personen mit einem Intelligenzquotienten auf dem Niveau von „Genies“ in ihrem privaten, schulischen und beruflichen Leben „Totalversager“ waren. Dies wurde als Indiz dafür gewertet, dass es auch eine wesentliche Rolle spielt, ob bestimmte Teilfähigkeiten in harmonisch ausbalancierter Form vorhanden sind.

All diese Beobachtungen führten zur Entstehung neuer Theorien darüber, was die Intelligenz wirklich ist und welche Bedeutung sie hat. Angeführt von Professor Howard Gardner, Tony Buzan und Professor Robert Ornstein entstanden revolutionäre neue Denkansätze zum Wesen der Intelligenz. Professor Gardner fasste diese in einer Theorie zusammen, die besagt, dass eine ganze Reihe unterschiedlicher Arten von Intelligenz beschrieben werden kann, dass Intelligenz niemals ausschließlich „kopfbezogen“ ist und dass wahre Intelligenz eine Wechselwirkung zwischen den Fähigkeiten des Gehirns und den Herausforderungen und Gelegenheiten in unserer Umgebung voraussetzt.

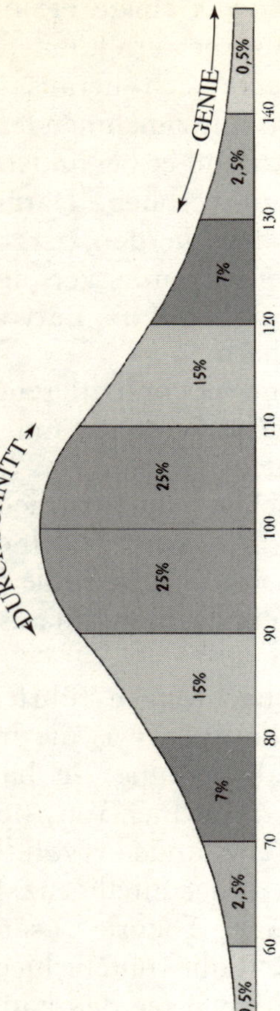

Das Diagramm zeigt die Normalverteilung von Intelligenzquotienten. Die Hälfte der Bevölkerung erzielt durchschnittliche Ergebnisse, während nur drei Prozent einen IQ auf dem Niveau eines „Genies" erreichen.

Je mehr dieser neue Denkansatz in der praktischen Forschung umgesetzt wurde, desto differenzierter konnten verschiedene Formen von Intelligenz voneinander unterschieden werden. In diesem Buch erfassen wir zehn wesentliche Formen von Intelligenz, unter ihnen auch die verbalen und numerischen Intelligenzen, welche die Grundlage für traditionelle IQ-Tests bilden. Die zehn Intelligenzarten, die in ihrer Vielfalt gemeinsam unser vielseitiges, universelles Modell der Intelligenz ergeben, sind folgende:

1. Genie-Quotient
2. Verbale Intelligenz
3. Numerisch-logische Intelligenz
4. Technisch-räumliche Intelligenz
5. Sinnliche Intelligenz
6. Körperlich-kinästhetische Intelligenz
7. Kreative Intelligenz
8. Persönliche Intelligenz
9. Zwischenmenschliche Intelligenz
10. Spirituelle Intelligenz

Auf den folgenden Seiten wird jede der vielfältigen Arten von Intelligenz, über die Sie verfügen, erklärt. Tests mit jeweils 10 Fragen oder Aussagen ermöglichen Ihnen, Ihre Fähigkeiten in den einzelnen Formen von Intelligenz selbst zu überprüfen. Dadurch können Sie sowohl Ihr aktuelles Niveau in der jeweiligen „Teil-Intelligenz" bestimmen als auch letztlich durch Addition der Teilergebnisse ihren Universellen Intelligenzquotienten (UIQ).

Den ersten Test haben Sie bereits absolviert, indem Sie Ihren GQ bestimmten. Die nächsten beiden Fragenkomplexe sind denjenigen herkömmlicher Intelligenztests ähnlich und dienen somit der Messung Ihres Intelligenzquotienten nach der traditionellen Sichtweise. Zu jedem Intelligenztest sowie zu Ihrem UIQ finden Sie auch Erklärungen für Ihre Resultate, aus denen Sie in Zukunft notwendige oder empfehlenswerte Maßnahmen ableiten können.

Bei zahlreichen Fragen ist es notwendig, dass Sie sich selbst einschätzen. Wie bereits erwähnt, sollten Sie darauf achten, dass Sie so ehrlich wie möglich antworten. Sie müssen wissen, wo Sie sich derzeit *tatsächlich* befinden, denn nur so können Sie Ihre Ausgangsbasis korrekt bestimmen. Dann können Sie mit einem Programm zur Weiterentwicklung Ihrer Intelligenz beginnen und erhalten ein den Tatsachen entsprechendes Feedback über Ihre Fortschritte.

In ähnlicher Weise wie jeder natürliche Organismus kann auch *jede* Form der Intelligenz „genährt" werden und dadurch wachsen. Ihr geistiges Potenzial wächst, wenn Sie neue Dinge erlernen. Vielleicht wurde Ihnen in der Vergangenheit genau das Gegenteil davon beigebracht, tatsächlich ist es aber so, dass mit dem Umfang, in dem Sie lernen, nicht nur Ihr Wissen zunimmt, sondern auch Ihre Fähigkeit und Inspiration für das Lernen selbst.

Durch den „traditionellen" IQ wird, wie bereits erwähnt, ein spezifischer Bereich verbaler und numerischer oder mathematischer Fähigkeiten abgedeckt, was üblicherweise in Form eines einzigen Wertes wiedergegeben wird, der Ihren „offiziellen" IQ festlegt. In den Tests 2 und 3 werden die beiden Bereiche jeweils für sich erfasst, so dass Sie zwischen Ihrem verbalen und Ihrem numerischen IQ unterscheiden können. Absolvieren Sie die beiden folgenden Tests innerhalb des angegebenen Zeitrahmens und nach der beschriebenen Vorgehensweise.

Universelle Intelligenz
Test 2: Verbale Intelligenz

Verbale oder sprachliche Intelligenz ist einer der wichtigsten Faktoren in traditionellen Intelligenztests. Der Wortschatz, also das Wissen über die Bedeutungen und Definitionen von Worten, sowie zugleich die Kenntnis der vielfältigen möglichen Zusammenhänge zwischen diesen ist jene einzelne Intelligenzform, die im höchsten Ausmaß für schulischen und beruflichen Erfolg bestimmend ist.

Geben Sie sich selbst maximal 15 Minuten Zeit, die folgenden 10 Fragen Ihres verbalen Intelligenztests zu beantworten. Innerhalb des Zeitlimits können Sie nach Belieben zu einzelnen Fragen „zurückgehen". Wenn Sie vor Ablauf der 15 Minuten fertig sind, ist es empfehlenswert, die Antworten nochmals zu überdenken. Sobald die erlaubte Zeit vorüber ist, können Sie überprüfen, ob Sie richtig geantwortet haben (siehe Seite 231f.). Dann füllen Sie die Ergebnistabelle auf Seite 55 aus, zählen Ihre Teilergebnisse zusammen und lesen anschließend die „Erklärungen zu den Resultaten“ durch, die Sie auf Seite 56 finden.

1. BIZEPS verhält sich zu MUSKEL wie TRIANGEL zu

   ....

2. Welches Wort passt nicht zu den anderen?

   Sempre — Allegro
   Forte — Spumante
   Vivace — Mosso
   Molto

3. Ordnen Sie die folgenden Buchstaben jeweils so an, dass sich daraus je ein Wort ergibt:

   a) RETOKX

   b) ERHGIN

   c) NEENDK

   d) RATKEIV

4. Tragen Sie das fehlende Wort ein:
   KIND verhält sich zu KINDLICHKEIT wie ERWACHSENER zu

   ....

5. Welches Wort passt nicht zu den anderen?

   a) EWLÖ

   b) TERIG

   c) KADCLE

   d) RADPGE

   e) EZAKT

5. Welches Wort passt nicht zu den anderen?

   a) EWLÖ

   b) TERIG

   c) KADCLE

d) RADPGE

e) EZAKT

6. Tragen Sie den fehlenden Buchstaben ein:

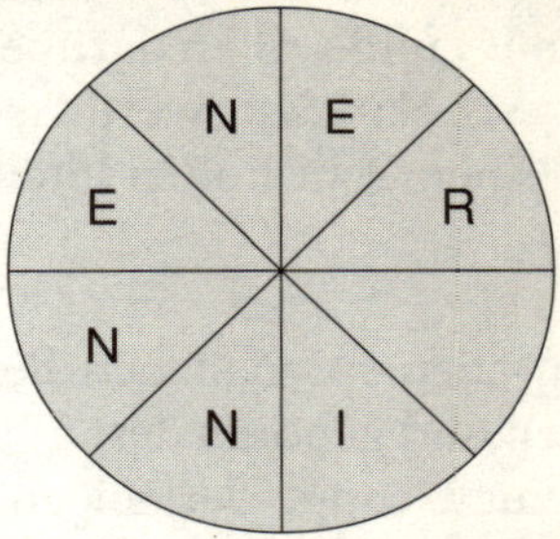

7. HUNDERT verhält sich zu EINS wie QUADRATKILOMETER zu

....

8. GITARRE u. CELLO entsprechen SEGOVIA und

....

9. MEER verhält sich zu LAND wie STRASSE zu

....

10. Tragen Sie ein Wort ein, das dieselben Bedeutungen haben kann, wie die beiden Worte außerhalb der Klammern:
KONFERENZ (...........) SPITZE

ERGEBNISTABELLE									
1	2	3	4	5	6	7	8	9	10
GESAMT:									

Erklärungen zu den Resultaten

1000–850
Sie haben ganz offensichtlich einen außerordentlich hohen verbalen IQ und sollten darüber nachdenken, ein Mitglied von MENSA zu werden, einem Club für Menschen mit einem sehr hohen Intelligenzquotienten.

850–750
Sie verfügen in allen sprachlichen Bereichen über sehr gute Fähigkeiten und gehören deshalb mit großer Wahrscheinlichkeit zur Gruppe derjenigen, die generell sehr gute Resultate erzielen können. Trachten Sie danach, in Zukunft außerordentliche Ergebnisse zu erreichen, so dass Sie sich zu den „Genies“ zählen dürfen.

750–650
Überdurchschnittlich. Denken Sie ernsthaft darüber nach, Ihren Wortschatz noch zu erweitern und Ihre Sprachfertigkeit zu trainieren. Lesen Sie mehr und schneller, und schlagen Sie alles nach, was Sie nicht hunderprozentig verstehen.

650–500
Ein durchschnittliches Ergebnis, das Sie jedoch nicht entmutigen sollte. Befolgen Sie ebenfalls die Ratschläge für die oben erwähnte Gruppe.

500–0
Bereits die Tatsache, dass Sie den Fragenkatalog sowie den einleitenden Text dazu gelesen haben, zeigt, dass in Ihrem Gehirn das Potenzial vorhanden ist, wesentlich bessere Resultate zu erzielen. Übung macht den

Meister. Sie könnten zum Beispiel versuchen, mehr zu lesen und jedes Wort, das Sie nicht kennen, in einem Lexikon nachzuschlagen.

Universelle Intelligenz
Test 3: Numerisch-logische Intelligenz

Diese Form von Intelligenz ist der zweite wesentliche Faktor bei standardisierten IQ-Tests. Sie äußert sich in der Fähigkeit, mit dem „numerischen Alphabet" spielerisch leicht umzugehen.

Geben Sie sich selbst maximal 15 Minuten Zeit, die folgenden 10 Fragen Ihres numerisch-logischen Intelligenztests zu beantworten. Innerhalb des Zeitlimits können Sie nach Belieben zu einzelnen Fragen „zurückgehen". Wenn Sie vor Ablauf der 15 Minuten fertig sind, ist es empfehlenswert, die Antworten nochmals zu überdenken. Sobald die erlaubte Zeit vorüber ist, können Sie überprüfen, ob Sie richtig geantwortet haben (siehe Seite 232–234). Dann füllen Sie die unten stehende Ergebnistabelle aus, zählen Ihre Teilergebnisse zusammen und lesen anschließend die Erklärungen zu den Resultaten in diesem speziellen Test.

1. Tragen Sie die fehlende Zahl ein:

   14, 17, 20, ...

2. Tragen Sie die fehlende Zahl ein:
   93, 85, 77, ...

3. Fügen Sie die fehlende Zahl hinzu:

1	12	12
3	4	12
10	20	

4. Welche Zahl fehlt?

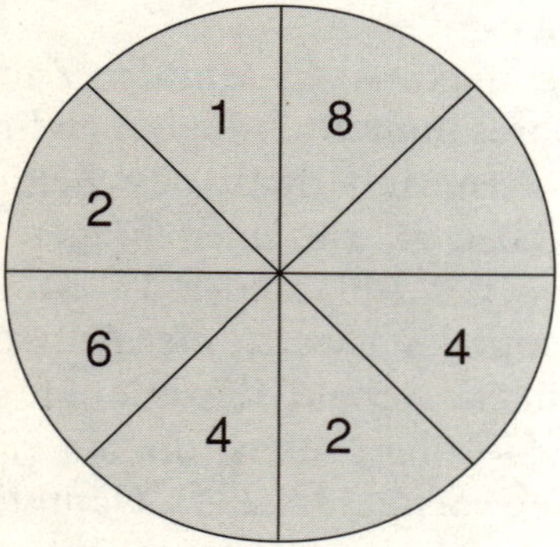

5. Fügen Sie die fehlende Zahl hinzu:

   I N T 5 L L I ... 5 N T

6. Tragen Sie die nächstfolgende Zahl ein:

   1, 4, 9, 61, 52, 63, 94 ....

7. Fügen Sie die fehlende Zahl hinzu:

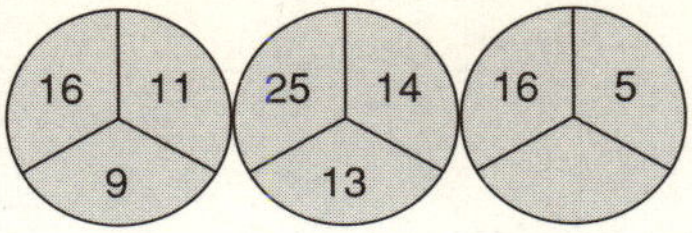

8. Tragen Sie die fehlende Zahl ein:

2	4	8	4
6	5	3	10
4	3		8

9. Finden Sie die fehlende Zahl:

37	13	5	3
25	9		

10. Welche Zahl ist die nächstfolgende in dieser Reihe?

9, 11, 21, 23, 33, 35, ...

ERGEBNISTABELLE									
1	2	3	4	5	6	7	8	9	10
GESAMT:									

Erklärungen zu den Resultaten

1000–850

Ein IQ, der dem eines mathematischen Genies entspricht. (Falls Sie soeben kritisch darüber nachgedacht haben, weshalb die Resultate von 850 bis 1000

Punkten in der höchsten Gruppe erfasst sind und nicht nur jene von 950 bis 1000 Punkten, sollten Sie sich selbst sofort eine Gruppe hinabstufen.)

850–750
Sie gehören zu der Gruppe mit einem sehr guten IQ für den numerisch-logischen Bereich. Beginnen Sie mit einem Programm zur Selbstverbesserung, um in Zukunft ebenfalls zu den Genies zu zählen.

750–650
Ein überdurchschnittlicher numerisch-logischer IQ, der darauf hindeutet, dass Sie wahrscheinlich auch in der Schule schon gut in Mathematik waren und bestimmte Spiele mögen, die logischen Gesetzmäßigkeiten folgen. Betreiben Sie noch mehr derartige Aktivitäten und verbessern Sie sich.

650–500
Durchschnitt. Während Ihrer Ausbildung wurde auf diesen Aspekt Ihrer Intelligenz kein besonders großes Gewicht gelegt, aber es wird Ihnen auch nicht schwer fallen, die dafür notwendigen mentalen Fertigkeiten in Zukunft noch zu erwerben.

500–0
a) Falls Sie kein Problem damit hatten, Ihr Endresultat zu berechnen, können Sie sich beruhigt eine Gruppe höher einstufen.
b) Das Ergebnis zeigt, dass Ihre mathematisch-logische Ausbildung unvollständig ist und dass Sie damit nochmals von vorne beginnen sollten.

Universelle Intelligenz
Test 4: Technisch-räumliche Intelligenz

Diese Form der Intelligenz ermöglicht uns, über die komplizierten Wechselbeziehungen in der dreidimensionalen Welt nachzudenken. Diese Intelligenz kann auf weit ausgedehnte Räume angewandt werden, wie es etwa für Astronomen, Seeleute oder Flugzeugpiloten notwendig ist. Sie ist aber ebenso Voraussetzung für das Erfassen von relativ begrenzten Räumen, etwa bei der Arbeit von Malern, Architekten, Bildhauern oder Chirurgen. Übrigens kommt es auch beim Schach, das oft für ein mathematisch-logisches Spiel gehalten wird, hauptsächlich auf die räumliche Intelligenz an.

Bei den Fragen 1 und 2 dieses Tests, deren Lösungen Sie auf Seite 234 finden, folgen Sie den beschriebenen Anleitungen. Bei den restlichen Fragen geben Sie sich eine Bewertung von 0 Punkten, falls eine Aussage auf Sie überhaupt nicht zutrifft, und von 100 Punkten, falls sie in höchster Ausprägung auf Sie zutrifft. Vergleichen Sie sich dabei wiederum mit anderen, um Ihre Bewertung möglichst aussagekräftig zu gestalten.

1. Jemand hat das unten abgebildete abstrakte Gemälde erworben, kann sich jedoch nicht mehr erinnern, wie es richtig aufgehängt werden soll. Stellen Sie in maximal fünf Minuten fest, ob es mit der Abbildung 1, 2, 3 oder 4 identisch ist und ob Seite a, b, c oder d nach oben gehört.

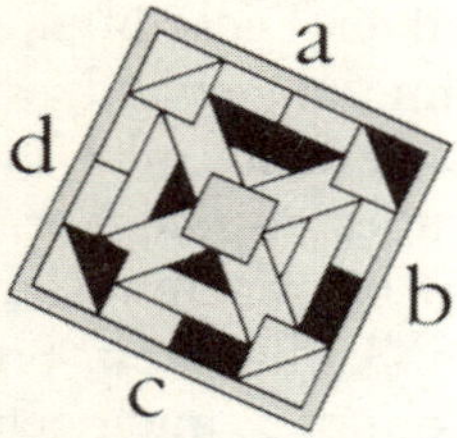

2. Stellen Sie in maximal drei Minuten fest, wie viele Dreiecke in der abgebildeten Struktur enthalten sind:

....

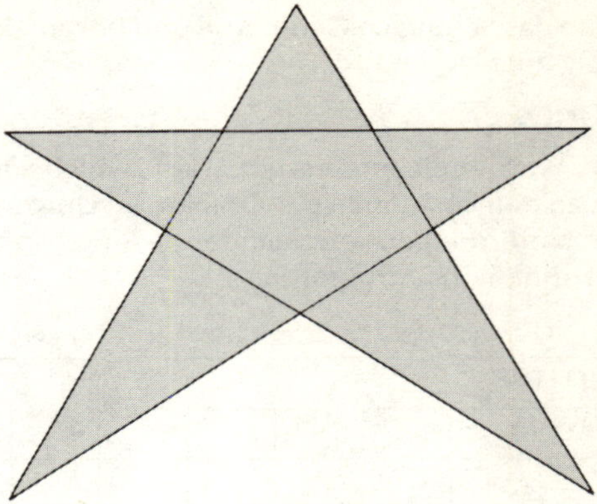

3. Ich habe Freude an Spielen wie Dame, Schach und Go.

BEWERTUNG ....

4. Ich kenne nur wenige Menschen, die so gut wie ich Wegbeschreibungen geben, aufnehmen und verstehen können.

BEWERTUNG ....

5. Ich mag Landkarten, lese sie gern und kann ihren Inhalt in der Wirklichkeit stets richtig umsetzen.

BEWERTUNG ....

6. Wenn ich mir Notizen mache, verwende ich regelmäßig Formen, Farben und Diagramme, weil mir dies zu besserem Verständnis verhilft.

BEWERTUNG ....

7. Ich bin die Person, zu der andere Leute kommen, wenn Reparaturen von mechanischen Geräten und anderen Maschinen notwendig sind.

   BEWERTUNG.......................................

8. Ich mochte das Schulfach Geometrie und bekam darin regelmäßig gute Noten.

   BEWERTUNG.......................................

9. Ich bin an Astronomie interessiert, was für mich auch Interesse an den Positionen der Objekte im Universum und ihren Entfernungen voneinander bedeutet sowie an ihren Formen und Strukturen.

   BEWERTUNG.......................................

ERGEBNISTABELLE									
1	2	3	4	5	6	7	8	9	10
GESAMT:									

Eklärungen zu den Resultaten

1000–950
Ein Ergebnis, das eines Genies würdig ist. Sie hätten mit Leonardo da Vinci vieles gemeinsam gehabt.

950–900
Sie haben eine außerordentliche räumliche Intelligenz und sind sehr wahrscheinlich auf Ihrem Spezialgebiet einer der führenden Köpfe in diesem Bereich. Versuchen Sie, diese Intelligenz noch zu steigern, so werden Sie auch die Dimensionen Ihres inneren Universums weiter ausdehnen.

900–800
Ein Ergebnis, auf das Sie stolz sein können. Mit etwas Übung werden Sie in der Lage sein, noch mehr räumliches Verständnis zu erwerben.

800–700
Überdurchschnittlich. Sehen Sie sich Ihre Teilergebnisse nochmals genau an, und setzen Sie (in drei Dimensionen!) die richtigen Schritte, um noch besser zu werden.

700–500
Durchschnitt. Dieses Ergebnis zeigt, dass Sie wahrscheinlich in Mathematik und den naturwissenschaftlichen Fächern nicht die allerbesten Lehrer hatten. Versuchen Sie selbst nochmals, in diesem Bereich voranzukommen.

500–0
Falls Sie während der vergangenen Woche wenigstens eine verkehrsreiche Straße überquert und dabei einen Unfall vermieden haben, ist Ihre technisch-räumliche Intelligenz schon wesentlich besser ausgebildet, als Sie selbst sie einschätzen. Bewerten Sie sich nochmals.

Universelle Intelligenz
Test 5: Sinnliche Intelligenz

Wir haben entdeckt, dass die meisten großen schöpferischen Menschen, aber auch Personen mit einem außerordentlichen Gedächtnis über besonders gut ausgebildete Fähigkeiten zur Sinneswahrnehmung verfügen. Zudem setzen sie üblicherweise all ihre Sinne ein und verknüpfen ihre vielfältigen Sinneswahrnehmungen miteinander.

Wenn Sie sich selbst für diesen Test bewerten, wählen Sie eine 0, wenn Sie eine der Aussagen in Bezug auf sich selbst für absolut unrichtig halten, und 100, falls sie vollkommen zutrifft.

1. Ich tanze leidenschaftlich gerne.

   BEWERTUNG...................................

2. Ich würde mich selbst als „smart gekleidet", als ein Genie bei der Auswahl von Mode beschreiben. Meine Kleidungsstücke sind farblich gut aufeinander abgestimmt sowie angenehm zu tragen, und ich erhalte für mein Outfit immer wieder Komplimente von Menschen aus meiner näheren Umgebung.

   BEWERTUNG...................................

3. Ich kann mich an visuelle Informationen unmittelbar sowie erstaunlich klar und deutlich erinnern.

   BEWERTUNG...................................

4. Ich bin sehr empfänglich für Geruchseindrücke, und der olfaktorische Sinn spielt eine große Rolle bei vielen meiner wichtigsten Lebenserinnerungen.

   BEWERTUNG...................................

5. Der Aussage „Ich lebe, um zu essen", kann ich voll und ganz zustimmen; mit der Aussage „Ich esse, um zu leben", kann ich hingegen gar nichts anfangen.

   BEWERTUNG ....

6. Ich halte mich selbst für einen besonders sinnlichen Menschen.

   BEWERTUNG ....

7. Ich spiele gerne mit Kindern.

   BEWERTUNG ....

8. Ich liebe die Natur und bin regelmäßig auf dem Land, an Flüssen, Seen und Ozeanen. Außerdem mag ich auch alle unterschiedlichen Erscheinungsformen des Wetters.

   BEWERTUNG ....

9. Ich beschreibe öfters bestimmte Sinneseindrücke mit einem Vokabular, das üblicherweise den anderen Sinnesorganen zugeordnet wird.

   BEWERTUNG ....

10. Ich betrachte Sex als eine Aktivität, die zahlreiche Facetten hat, und setze all meine Sinne dabei ein.

   BEWERTUNG ....

ERGEBNISTABELLE									
1	2	3	4	5	6	7	8	9	10
GESAMT:									

Erklärungen zu den Resultaten

1000–950
Sie haben den Gipfel an sinnlicher Intelligenz erreicht und nutzen Ihre Sinne offensichtlich im größtmögli-

chen Ausmaß. Das sollten Sie auch weiterhin mit Genuss und Vergnügen tun.

950–900
Sie haben beinahe die Werte eines Genies erreicht. Denken Sie darüber nach, welche Sinne Sie bevorzugen und welche Sie am wenigsten einsetzen. Dann können Sie daran arbeiten, Ihr Niveau noch zu erhöhen und dabei so viel Spaß wie möglich zu haben.

900–800
Sie nutzen das breite Spektrum Ihrer sinnlichen Intelligenz bereits gut. Um noch mehr Vergnügen dabei zu haben, müssen Sie einfach danach streben, noch mehr sinnliche Erlebnisse auszukosten.

800–700
Überdurchschnittlich. Sie sind bereits auf dem richtigen Weg, ein noch genussvolleres und im positiven Sinne „weltverbundeneres“ Leben zu führen. Setzen Sie diesen Weg fort.

700–500
Durchschnitt. Dieses Ergebnis legt nahe, dass bei Ihnen noch viele Wünsche offen sind. Bewahren Sie sich Ihre Träume und Sehnsüchte, und denken Sie darüber nach, was Ihnen momentan in Ihrem Leben fehlt. Dann können Sie darangehen, Ihre Situation zu verbessern.

500–0
Sie enthalten sich selbst, anderen und der Welt die wundervollen Möglichkeiten einer Intelligenz vor, die offenbar derzeit nur „im Verborgenen" blühen darf. Beginnen Sie damit, ihr mehr Freiraum zu geben.

Universelle Intelligenz
Test 6: Körperlich-kinästhetische Intelligenz

Spitzensportler lösen Probleme oder „vollbringen" große Taten indem sie ihren ganzen Körper oder Teile davon einsetzen. Tänzer, Schauspieler, Chirurgen und grundsätzlich alle, die ihren Körper dazu verwenden, ein Problem zu lösen oder komplizierte Dinge zu erledigen, nutzen ebenfalls diese Form von Intelligenz.

Bewerten Sie sich selbst mit einer Zahl von 0 bis 100; 0 würde bedeuten, dass Sie im Vergleich zu allen anderen über die geringste Fitness verfügen, und 100, dass Sie selbst der am besten trainierte Mensch sind, den Sie kennen.

1. Ich führe mindestens drei Mal pro Woche je 30 Minuten lang ein aerobes (kardiovaskuläres) Training durch, und zwar schnell und mit anstrengenden Übungen. (Falls Sie nicht wissen, was aerob oder kardiovaskulär bedeutet, sollten Sie sich wahrscheinlich mit 0 bewerten)

   BEWERTUNG...

2. Meine körperlichen Bewegungen sind gut koordiniert und harmonisch, und ich bin physisch in einem guten Zustand.

   BEWERTUNG...

3. Ich bin besonders gut und stark, wenn es darum geht, Dinge zu heben, zu ziehen oder zu drücken, und zwar mit jeder der größeren Muskelgruppen meines Körpers.

   BEWERTUNG...

4. Ich bin außergewöhnlich beweglich und zwar in alle Richtungen und mit all meinen Gelenken.

   BEWERTUNG...

5. Ich habe sehr selten größere oder kleinere Erkrankungen und Beschwerden, da ich über eine „robuste" Gesundheit verfüge und deshalb auch kaum einmal einen Arbeitstag versäume.

   BEWERTUNG...

6. Meine Vitalität liegt weit über dem Durchschnitt. Ich verfüge über großes Durchhaltevermögen, ob es nun um geistige, sexuelle, soziale oder berufliche Anlässe oder Betätigungen geht.

   BEWERTUNG...

7. Ich ernähre mich besonders gesund, und selbst Olympiateilnehmer könnten sich meinen Speiseplan zum Vorbild nehmen. Er ist ausgewogen, beinhaltet viele verschiedene Nahrungsmittel, zahlreiche frische und wenig industriell bearbeitete Produkte sowie fast keinen Zucker und wenig Salz.

   BEWERTUNG ....

8. Ich teile mir die Zeit, in der ich arbeite, und die Zeiten der Erholung gut ein. Ich schlafe gut und regelmäßig, mache zumindest drei längere Pausen während eines Arbeitstages und plane pro Jahr zumindest sechs Wochen ein, die ich von meiner Arbeit oder meinen sonstigen Betätigungen komplett freihalte.

   BEWERTUNG ....

9. Ich genieße bereits den Gedanken an physische Aktivität und betrachte physische bzw. sportliche Bewegung als eine Form der Selbstentfaltung sowie als eines der zentralen Themen im Leben.

   BEWERTUNG ....

10. Ich genieße auch den Gedanken an Sex und betrachte Sex ebenfalls als eine Form der Selbstverwirklichung sowie als eines der zentralen Themen im Leben.

    BEWERTUNG ....

ERGEBNISTABELLE									
1	2	3	4	5	6	7	8	9	10
GESAMT:									

Erklärungen zu den Resultaten

1000–950
Sie sind ein körperliches Genie. Möglicherweise sind Sie ein großer Sportler, ein Tänzer oder in irgendeiner anderen Form ein Star auf physischem Gebiet. Behalten Sie diese Einstellung während Ihres ganzen Lebens bei.

950–900
Sie sind einer der führenden Sportler Ihres Landes oder Sie könnten zu diesen gehören. Holen Sie sich Rat bei Spitzensportlern, suchen Sie Ihre Gesellschaft und versuchen Sie, selbst einer zu werden.

900–800
Ein ermutigendes Ergebnis. Sie gehören fast zur Spitzengruppe in diesem Bereich, und mit etwas Anstrengung könnten Sie zu nationalen oder internationalen Sportlerehren gelangen. Lernen Sie von den Besten und verstärken Sie Ihre Bemühungen.

800–700
Überdurchschnittlich. Sie sind wahrscheinlich in guter körperlicher Verfassung und gehören zu denjenigen, die physische Aktivitäten generell als angenehm empfinden. Sehen Sie sich Ihre Ergebnisse nochmals im Detail an und überlegen Sie, in welchen Bereichen Sie sich gerne verbessern würden.

700–500
Durchschnitt. Das könnte gefährlich werden, denn die Leistungen Ihres Gehirns sind auch von einem guten

physischen Allgemeinzustand abhängig. Die meisten der von uns untersuchten Genies waren körperlich ebenso fit wie geistig. Folgen Sie ihrem Beispiel. Versuchen Sie, mehr körperliche Übungen auszuführen.

500–0
Sie haben zumindest genügend Energie gehabt, die Seiten umzublättern und den Test zu vollenden. Zu Ihrem eigenen Vorteil sollten Sie über das Ausmaß, in dem Sie sich körperlich bewegen, nachdenken und sofort damit beginnen, Ihr „physisches" Selbst zu erforschen und weiterzuentwickeln. Das schulden Sie Ihrem Körper und ebenso Ihrem Gehirn.

Universelle Intelligenz
Test 7: Kreative Intelligenz

Die verbale und die numerische Intelligenz äußern sich hauptsächlich in analytischen, logischen Denkprozessen. Der kreativen Intelligenz können hingegen radiale, „kreisförmig" ausstrahlende Denkabläufe zugeordnet werden, die uns beispielsweise plötzliche Eingebungen ermöglichen und die uns völlig neue Sphären der Überlegung und der Ausdrucksfähigkeit eröffnen können.

Bei der Bewertung für diesen Test geben Sie sich 0 Punkte, falls eine Aussage auf Sie nicht im Geringsten zutrifft, und 100 Punkte, falls die jeweilige Aussage auf Sie bezogen vollkommen der Wahrheit entspricht. Vergleichen Sie sich selbst dabei mit einer Gruppe von wenigstens 10 oder 20 anderen Menschen, entweder solchen, die Sie persönlich kennen, oder Genies und Künstlern, über deren Leben Sie gut informiert sind. Lesen Sie dazu auch die Beschreibung der Fähigkeiten von Leonardo da Vinci nach, die Sie auf den Seiten 215 bis 229 finden.

Für eine der Fragen werden Sie einen Füller oder einen Kugelschreiber und Papier benötigen sowie eine Uhr und möglicherweise eine Person, die Ihnen die Aufgabe der Zeitnehmung abnimmt. Bereiten Sie all dies vor, noch ehe Sie mit diesem Test beginnen.

1. Für mich wäre es ein leichtes, ein Kunstdiplom zu erlangen, und ich hätte Spaß daran, die dafür notwendige Ausbildung zu absolvieren.

   BEWERTUNG....................................

2. Ich hätte Spaß daran, Musik zu studieren, und könnte alle notwendigen Prüfungen erfolgreich ablegen.

3. Es würde mir nicht schwer fallen, einen Kurs für kreatives Schreiben zu absolvieren, und ich würde Vergnügen daran finden.

   BEWERTUNG....................................

4. Ich hätte Freude daran, eine Schauspielschule zu besuchen, und könnte dort problemlos ein Abschlussdiplom erwerben.

   BEWERTUNG....................................

5. Es fällt mir nicht schwer, andere Menschen zum Lachen zu bringen.

   BEWERTUNG....................................

6. Von mir wird oft behauptet, dass ich ein „bisschen verrückt" oder exzentrisch sei und dass nur schwer vorherzusagen sei, was ich als Nächstes tun werde.

   BEWERTUNG ....

7. Ich gehe regelmäßig ins Theater, in Kunstausstellungen, zu Konzerten oder anderen kulturellen Veranstaltungen.

   BEWERTUNG ....

8. Ich liebe Musik in jeder Form.

   BEWERTUNG ....

9. Ich halte mich selbst für einen außerordentlich kreativen und produktiven Menschen.

   BEWERTUNG ....

10. Dies ist die Aufgabe, für die Sie nun einen Füller oder einen Kugelschreiber, Papier sowie eine Uhr benötigen. Es kann hilfreich sein, wenn Sie jemand anderen darum bitten, die Zeit für Sie zu nehmen. Sobald Sie alles vorbereitet haben, schreiben Sie innerhalb von 60 Sekunden alle Verwendungsmöglichkeiten für eine Büroklammer auf, die Ihnen einfallen.

    BEWERTUNG ....

ERGEBNISTABELLE									
1	2	3	4	5	6	7	8	9	10
GESAMT:									

Erklärungen zu den Resultaten

Bewertung von Frage 10:
Diese Kreativitätsaufgabe beruht auf Arbeiten des amerikanischen Psychologen E. Paul Torrance zum

Thema kreatives Denken. Drei bis vier mögliche Verwendungsmöglichkeiten zu finden ist ein durchschnittliches Ergebnis für diesen Test. Acht ist bereits ein sehr gutes Resultat, zwölf Varianten finden nur sehr wenige Menschen und 16 wären ein ganz außerordentliches Ergebnis.

Geben Sie sich 10 Punkte für jede Verwendungsmöglichkeit, die Ihnen eingefallen ist, maximal jedoch 100 Punkte.

1000–950
Wir erwarten, Sie als international erfolgreichen Schauspieler zu sehen, bei der Eröffnung Ihrer großen Kunstausstellung, der Veröffentlichung Ihres neuesten internationalen Bestsellers oder wenn Sie den Nobelpreis entgegennehmen. Seien Sie sich darüber klar, dass diese Form von Intelligenz mit zunehmendem Alter noch besser wird, und erhalten Sie Ihr großes kreatives Potenzial aufrecht.

950–900
Sie gehören innerhalb Ihres Landes zu den besten kreativen Köpfen und befinden sich an der Schwelle zu internationalem Ruhm.

900–800
Ein sehr gutes Ergebnis im kreativen Bereich. Da Verbesserungen in diesem Intelligenzbereich besonders leicht möglich sind, sollten Sie sich selbst einen Stoß geben und das Niveau eines Genies anstreben.

800–700
Gut gemacht. Sie haben ein überdurchschnittliches Ergebnis erzielt. Denken Sie über Ihre Einstellung zur Kreativität und Ihr Wissen zu diesem Themenbereich genauer nach. Arbeiten Sie daran, denn dadurch verbessern Sie wahrscheinlich nicht nur Ihr Ergebnis für die kreative Intelligenz, sondern auch die Grundlagen für all Ihre Intelligenzleistungen.

700–500
Durchschnitt. Speziell bei diesem Test lässt sich aus einem durchschnittlichen Ergebnis ablesen, dass Ihre Kreativität entweder zu selten oder zu wenig intensiv trainiert wurde oder dass die falschen Übungsmethoden angewandt wurden.

Erlernen Sie, wie Sie alle Fähigkeiten Ihres Gehirns nutzen können und wie Sie „radial“ denken können. Falls möglich, sollten Sie Kurse besuchen, in denen Sie mehr über die natürliche Funktionsweise Ihres Gehirns, Ihr Gedächtnis und kreative Prozesse erfahren können.

500–0
Ein derartiges Ergebnis sollte eigentlich gar nicht möglich sein. Waren Sie wirklich ehrlich zu sich selbst?

Ihr Gehirn verfügt über wesentlich mehr Möglichkeiten, als Ihnen derzeit bewusst ist. Nutzen Sie diese auch, nehmen Sie Kurse in den oben erwähnten Bereichen oder beginnen Sie zumindest damit, Bücher zu lesen, die Ihnen dabei helfen können, das ganze Spektrum Ihrer geistigen Möglichkeiten auszuschöpfen. Setzen Sie Ihre Vorstellungskraft in größtmöglichem Umfang ein.

Universelle Intelligenz
Test 8: Persönliche Intelligenz

Diese Form der Intelligenz beinhaltet Selbstkenntnis und innerliche Erfüllung. Grundsätzlich geht es hier darum, inwieweit Sie Ihre eigenen Gefühle und Einstellungen verstehen. Persönliche Intelligenz bedeutet, ein adäquates mentales Konzept von sich selbst, eine Art persönliche innere „Landkarte" zu besitzen und auf dieser Basis in der Lage zu sein, laufend Neues dazuzulernen und in seine Persönlichkeit zu integrieren.

Bei der Bewertung für diesen Test geben Sie sich 0 Punkte, falls eine Aussage auf Sie bezogen vollkommen unwahr ist, und 100 Punkte, falls Sie der jeweiligen Aussage in höchster Vollendung entsprechen.

1. Ich bin voller Selbstvertrauen.

   BEWERTUNG.....................................

2. Ich kann weinen, wenn dies das der Situation angemessene Verhalten ist.

   BEWERTUNG.....................................

3. Meine Einstellung zum Leben ist grundsätzlich und uneingeschränkt positiv.

   BEWERTUNG.....................................

4. Ich gelte allgemein als glücklich, begeisterungsfähig und voller Tatendrang.

   BEWERTUNG.....................................

5. Ich bestimme selbst über die wesentlichen Aspekte meines Lebens.

   BEWERTUNG.....................................

6. Ich schätze es, wenn andere mir ihre Gefühle offen zeigen.

   BEWERTUNG ....

7. Ich sage den Menschen, die mir am nächsten stehen, immer wieder, dass ich sie liebe.

   BEWERTUNG ....

8. Ich weiß, wie mein Geist arbeitet, und kenne das physische und das funktionelle „Alphabet" meines Gehirns.

   BEWERTUNG ....

9. Ich weiß, wie mein Körper funktioniert, und ich habe ein umfassendes Wissen über jene Methoden, mit denen physische Fitness erreicht werden kann. Ich weiß auch, wie eine ausgewogene Ernährung gestaltet sein sollte sowie in welchem Rhythmus kurz- und langfristig Phasen von Entspannung und Schlaf erforderlich sind.

   BEWERTUNG ....

10. Bei Gesprächen stimmt meine Körpersprache mit dem Inhalt meiner Aussagen überein, und ich verwende üblicherweise vielfältige und herzliche Gesten.

   BEWERTUNG ....

ERGEBNISTABELLE									
1	2	3	4	5	6	7	8	9	10
GESAMT:									

Erklärungen zu den Resultaten

1000–950
Das Ergebnis eines Genies. Sie sind der perfekte Freund.

950–900
Sie gehören zu jener Art von Menschen, mit denen jeder gerne bekannt ist. Mit einem derart hohen Ergebnis und offensichtlich viel Energie und Begeisterungsfähigkeit wird es für Sie ein Leichtes sein, zur Gruppe der Genies voranzuschreiten.

900–800
Ein hohes Ergebnis. Da Intelligenz in diesem Bereich ein wesentlicher Faktor dafür ist, ein erfolgreiches und erfülltes Leben zu führen, sollten Sie ernsthaft erwägen, wie Sie sich auf diesem Sektor noch verbessern können.

800–700
Besser als der Durchschnitt. Sie sind eine reife Persönlichkeit und werden davon profitieren, wenn Sie noch weiter an sich arbeiten.

700–500
Durchschnitt. Sie unterschätzen sich selbst fälschlicherweise. Beurteilen Sie sich nochmals. Denken Sie darüber nach, wie Sie sich anderen gegenüber darstellen und ob Sie derzeit Ihre Gefühle unterdrücken.

500–0
Obwohl Sie bei Ihrer Bewertung „die Wahrheit“ gesagt haben, zeigt ein derartiger Wert, dass die Wahrheit, an die Sie glauben, nicht wahr ist. Lesen Sie entsprechende Bücher und nehmen Sie Kurse in Rhetorik, zur allgemeinen Gesundheitsförderung, für körperliche Fitness sowie in „radialem“ Denken. Bemühen Sie sich, eine

positive Einstellung zu gewinnen und nehmen Sie Ihr Leben selbst in die Hand.

Universelle Intelligenz
Test 9: Zwischenmenschliche Intelligenz

Diese Intelligenz besteht im Verständnis für andere Menschen, für ihre Motivationen, ihre unterschiedlichen Persönlichkeiten, ihre Handlungsmuster und Bedürfnisse, die sie verspüren. Oder kurz gesagt: im Verstehen dessen, „was sie antreibt".

Ein exzellenter Bühnenschriftsteller ist ein gutes Beispiel für einen Menschen mit gut entwickelter zwischenmenschlicher Intelligenz. Denn um ein Bühnenstück zu schreiben oder darin zu spielen oder gar nur, es zu verstehen, ist ein hohes Niveau zwischenmenschlicher Intelligenz erforderlich. Deshalb gilt William Shakespeare als Englands Genie der Genies.

Bewerten Sie sich selbst wiederum für jede Aussage mit einer Zahl zwischen 0 und 100. 0 würde bedeuten, dass Sie der- oder diejenige sind, auf den oder die diese Aussage am allerwenigsten zutrifft, 100, dass Sie die entsprechende Fähigkeit in höchstem Ausmaß besitzen.

1. Ich bin bekannt dafür, dass ich ein verständnisvoller und mitfühlender Zuhörer bin.

   BEWERTUNG..

2. Wenn ich an Verhandlungen beteiligt bin, ist das Resultat immer ein Sieg. Aber ein Sieg in dem Sinne, dass beide Seiten zufrieden sind und mit dem Gefühl, etwas dazugewonnen zu haben, aus der Verhandlung gehen.

   BEWERTUNG..

3. Ich bin fähig, Teams zu führen, die aus verschiedensten und gegensätzlichsten Menschen bestehen, und tue dies auch gerne.

   BEWERTUNG..

4. Ich erfreue mich an der Vielfalt menschlicher Charaktere und reagiere gegenüber unterschiedlichsten Persönlichkeitstypen feinfühlig.

   BEWERTUNG..

5. Zu mir kommen oft Menschen, die Rat suchen, und ich helfe ihnen auch dabei, neue Einsichten zu gewinnen.

   BEWERTUNG..

6. Ich bin bekannt für meine Herzlichkeit, mein Mitgefühl und für meine Fähigkeit, anderen meine Zuneigung zu zeigen.

   BEWERTUNG..

7. Innerhalb einer Gruppe bin ich oft derjenige, der den anderen dabei hilft, sich zu entspannen und zu lachen.

   BEWERTUNG..

8. Bei Gesprächen oder öffentlichen Reden halte ich üblicherweise intensiven Augenkontakt aufrecht.

   BEWERTUNG..

9. Ich kann meinen eigenen Standpunkt erfolgreich kommunizieren, ohne mir dabei andere zu Gegnern zu machen.

BEWERTUNG ....

10. Ich werde in Restaurants und Hotels stets gut bedient.

BEWERTUNG ....

ERGEBNISTABELLE									
1	2	3	4	5	6	7	8	9	10
GESAMT:									

Erklärungen zu den Resultaten

1000–950
Sie sind wahrscheinlich schon eine wichtige Führungspersönlichkeit, haben eine bedeutende Funktion im internationalen Geschäftsleben inne oder sind auf irgendeinem Gebiet ein weltweit anerkannter Ausbildner oder Trainer. Falls dies noch nicht auf Sie zutrifft, sollten Sie darüber nachdenken, eine derartige Position anzustreben.

950–900
Ihre Kommunikationsfähigkeit hat höchstes Niveau, und Sie zählen wahrscheinlich zu den Führungspersönlichkeiten innerhalb Ihres Landes. Sie können auch noch mehr erreichen und internationale Anerkennung erringen, wenn Sie dies wünschen.

900–800
Im Bereich der zwischenmenschlichen Intelligenz sind Sie nahe an der Spitze. Wahrscheinlich sind Sie bei Ihren Arbeitskollegen und Freunden besonders beliebt. Da diese Form der Intelligenz zu den wichtigsten zählt, sollten Sie darüber nachdenken, Ihre Fähigkeiten noch zu verfeinern.

800–700
Über dem Durchschnitt. Genießen Sie weiterhin die Gesellschaft von anderen. Sehen Sie sich aber auch jene Bereiche, in denen Sie sich niedriger bewertet haben, nochmals an, und überlegen Sie, wie Sie sich darin verbessern können.

700–500
Durchschnitt. Zwischenmenschliche Intelligenz ist jedoch eine Fähigkeit, die gefördert werden sollte. Denken Sie über Ihre Beziehungen zu anderen Menschen nach. Hören Sie sich wirklich aufmerksam an, was sie Ihnen sagen? Versuchen Sie, mehr darüber nachzudenken, was die anderen empfinden und tatsächlich mitteilen wollen.

500–0
Gönnen Sie sich selbst und Ihren Mitmenschen eine Nachdenkpause. Werden Sie sich darüber klar, dass sowohl die anderen Menschen als auch Sie selbst wesentlich faszinierender und interessanter sind, als Sie derzeit glauben. Öffnen Sie sich etwas mehr.

Universelle Intelligenz
Test 10: Spirituelle Intelligenz

Spirituelle Intelligenz ist die alles umfassende Intelligenz, die der amerikanische Psychologe Abraham Maslow (1908–1970) in der Hierarchie der Bedürfnisse als das höchste menschliche Ziel beschreibt. Sie tritt in aller Regel dann in Erscheinung, wenn alle anderen Formen von Intelligenz gleichzeitig auf einem besonders hohen Niveau arbeiten.

Stufen Sie sich zwischen 0 und 100 ein. 0 würde bedeuten, dass Sie nicht im Geringsten über die in dieser Kategorie erwähnten Fähigkeiten verfügen, 100, dass Sie diese in vollkommener Form besitzen. (Bei diesem Test würden Heilige Hunderter erzielen und Teufel Nullen.)

1. Mein Leben ist von einem Gefühl tiefer und positiver Sinnhaftigkeit geprägt.

   BEWERTUNG ....

2. Ich fühle mich einem großen Ganzen verbunden und oft sogar „eins mit dem Universum".

   BEWERTUNG ....

3. Die Menschen in meiner Umgebung spüren, dass ich „in Übereinstimmung mit mir selbst" lebe und dass ich über ein tief gehendes Wissen und Verständnis meiner selbst verfüge.

   BEWERTUNG ....

4. Ich bin bekannt für meinen spielerischen, unwiderstehlichen und sprühenden Humor.

   BEWERTUNG..

5. Ich lebe im Frieden mit mir selbst.

   BEWERTUNG..

6. Andere Formen des Lebens betrachte ich als etwas Wunderbares, und sie erzeugen in mir ein Gefühl der Ehrfurcht, der Liebe und des Respekts.

   BEWERTUNG..

7. Andere Menschen halten mich für überdurchschnittlich reif und weise.

   BEWERTUNG..

8. Es gelingt mir, Bescheidenheit mit Selbstvertrauen zu vereinen.

   BEWERTUNG..

9. Ich kann mich auf unterschiedlichste Art und Weise angemessen artikulieren.

   BEWERTUNG..

10. Ich bin selbst immer wieder verwundert über meine Fähigkeit zu staunen.

   BEWERTUNG..

ERGEBNISTABELLE

1	2	3	4	5	6	7	8	9	10

GESAMT:

Erklärungen zu den Resultaten

1000–950
Das Ergebnis eines Genies nahe dem eines Heiligen.

950–900
Ein außerordentlich hoher Wert. Sie benötigen keine Ratschläge.

900–800
Ihre Weisheit ist relativ groß und Sie führen ganz offensichtlich ein erfülltes Leben. Bleiben Sie auf diesem Weg.

800–700
Überdurchschnittlich. Mit jenen spirituellen Stärken, die Sie offenkundig bereits besitzen, sollten Sie jene Bereiche erweitern, in denen Sie derzeit noch nicht Ihr volles Potenzial ausgeschöpft haben.

700–500
Durchschnitt. Da diese Intelligenz innere Ruhe, Heiterkeit und Erfüllung beinhaltet, ist es mehr als nur lohnend, sie so weit zu entwickeln, wie Sie nur können.

500–0
Ein derartiges Ergebnis deutet darauf hin, dass Sie mit sich selbst und Ihrem Schicksal nicht zufrieden sind. Vergessen Sie dabei aber nicht, dass Sie selbst auch die Macht haben, Ihre gegenwärtigen Lebensumstände zu ändern. Sie müssen Ihrem Leben mehr Bedeutung geben, für sich selbst ebenso wie für andere. Versuchen

Sie, Ihr Leben objektiv zu betrachten oder sprechen Sie mit jemandem darüber, dem Sie vertrauen und dessen Meinung Sie schätzen.

Gesamtergebnis Ihres universellen und traditionellen Intelligenzquotienten mit Erklärungen dazu

Ihr Gesamt-Intelligenzquotient ergibt sich aus der Kombination Ihres Genie-Quotienten (GQ), Ihrer Universellen Intelligenzquotienten (Tests 5 bis 10) und Ihrer traditionellen Intelligenzquotienten (Tests 2 bis 4). Um Ihr Gesamtergebnis zu bestimmen, dividieren Sie Ihren GQ durch 2 und übernehmen all Ihre anderen Teilergebnisse aus dem Universellen Intelligenztest und den traditionellen IQ-Tests so, wie sie sind.

Addieren Sie alle Werte, was ein Höchstresultat von 10.000 ermöglicht. Füllen Sie die folgende Tabelle aus, um Ihr Gesamtergebnis zu errechnen und vergleichen Sie Ihren Wert dann mit jenen im Abschnitt „Erklärungen zu den Gesamtresultaten“ unten.

Erklärungen zu den Gesamtresultaten

10.000–9500
Mit einem Ergebnis in dieser Höhe zählen Sie zur Gruppe der Universalgenies. Sie befinden sich damit in

der Gesellschaft von Leonardo da Vinci und Shakespeare. Mit einem derart großen und umfassenden Spektrum an Fähigkeiten des Gehirns und des Körpers könnten Sie im Grunde genommen in jedem Bereich, den Sie auswählen, zu den weltweit Führenden gehören. Falls Sie dieses Ziel nicht schon erreicht haben, sollten Sie ihm zumindest bald nahe kommen.

9500–9000
Dieses Resultat zeigt, dass Sie wahrscheinlich bei vielen der einzelnen Intelligenzen zur Gruppe der Genies gehören und dass Sie bei den verbleibenden nicht weit von diesem Niveau entfernt sind. Es ist sehr unwahrscheinlich, dass Sie auf irgendeinem geistigen Gebiet echte Schwachpunkte haben. Warum benutzen Sie ihre vielfältigen Talente nicht dafür, die Bereiche, in denen Sie noch nicht durchgehend Spitzenresultate erreichen, zu stärken? Stecken Sie sich noch höhere Ziele.

9000–8000
Ein außergewöhnlich gutes Ergebnis. Mit derart hohen Werten sind Sie wahrscheinlich generell der Spitze nahe und in manchen Bereichen, denen Ihr besonderes Interesse gilt, gehören Sie sogar zu den Besten. Aber selbst mit einem derartigen Resultat kann es ein oder zwei Felder geben, in denen Sie spezifische Schwächen aufweisen. Stellen Sie fest, welche dies sind, und arbeiten Sie daran, Ihr intellektuelles Vermögen noch zu vergrößern.

8000–7000
Überdurchschnittlich und immer noch ein ausgezeichnetes Resultat. Mit einem derartigen Ergebnis sollten Sie die einzelnen Tests nochmals sorgfältig durchsehen und Ihre Stärken und Schwächen eingehend überprüfen. Ihre Schwachpunkte sind bereits ausreichend, um unnötige Hindernisse für Ihre Entwicklung darzustellen. Nutzen Sie deshalb Ihre Stärken, um sich in schwächeren Bereichen zu steigern. Gehen Sie an alles, was Sie tun, mit einer positiven Einstellung heran.

7000–5000
Sie gehören zum Durchschnitt. Das bedeutet nur, dass Ihre einzelnen Intelligenzen erst teilweise entwickelt sind und dass noch viel Potenzial vorhanden ist, um sie zu erweitern. Trainieren Sie Ihr Gehirn, lesen Sie Bücher, nehmen Sie geistige Herausforderungen an, regen Sie Ihren Geist in jeder nur möglichen Weise an, und Sie werden schon bald dafür belohnt werden.

Unter 5000
Sie verwenden weniger als ein Prozent der bewusst zugänglichen Kapazität Ihres Gehirns, also ist auch noch sehr viel Spielraum für Verbesserungen vorhanden! Ihr Leben wird positiver und zufrieden stellender verlaufen, wenn Sie daran arbeiten, Ihr Niveau in allen Intelligenzbereichen zu erhöhen. Es ist nie zu spät, damit zu beginnen. Aber Sie müssen auch selbst die Willensstärke dafür aufbringen, neue Wege zu beschreiten, um zukünftig erfolgreicher zu sein. Sehen Sie sich die Tests und Ihre Resultate nochmals an beginnen Sie sofort damit, Ihr Gehirn zu gebrauchen.

Der Brain Trust und der Brain Club

Wenn Sie sich wirklich verbessern wollen, warum werden Sie dann nicht gleich Mitglied des Brain Trust (der unter der Nummer 1001012 in Großbritannien als allgemeinnütziger Verein eingetragen ist) oder des Brain Club?

Diese internationalen Vereinigungen wurden gegründet, um interessierte Menschen dabei zu unterstützen, ihre kognitiven, physischen und geistigen Fähigkeiten zu steigern. Der Club ist ein Forum für den Austausch und die gegenseitige Unterstützung der Mitglieder bei der Erweiterung vieler in diesem Buch beschriebener Intelligenzbereiche, und er kann Ihnen dabei helfen, Ihr geistiges Potenzial besser zu nutzen.

Sie können selbst entscheiden, ob Sie an Chats im Internet teilnehmen, ob Sie die innerhalb dieses Vereins angebotenen Möglichkeiten zum Selbststudium nützen und/oder ob Sie sich mit anderen treffen wollen, die ebenfalls den großen Bereich ihrer geistigen Fertigkeiten noch ausdehnen wollen.

Indem Sie sozusagen „Ihre eigene geistige Trainingsstätte“ besuchen, können Sie sich in folgenden Feldern verbessern:

1. Gedächtnis
2. Mind Mapping®
3. Lernen und Studieren
4. Mathematik
5. Körperliches Leistungsvermögen
6. Kommunikation

7. Fertigkeiten in Spielen
8. Schnell- und Bereichslesen
9. Kreatives Denken
10. IQ
11. Künstlerische Fähigkeiten
12. Wortschatz-Erweiterung und Erlernen von Sprachen
13. Persönlichkeitsentwicklung
14. Spezielle Fertigkeiten

Treffen Sie sich mit Menschen aus aller Welt, die ähnliche Interessen haben wie Sie, indem Sie wwbc@egroups.com kontaktieren.

Falls Sie an Unterrichtsmaterialien für das Selbststudium interessiert sind, wenden Sie sich bitte an:

Buzan Centres Ltd., 54 Parkstone Road, Poole, Dorset, BH15 2PG, GB, Tel. 0044/1202/67 46 76, Fax 0044/1202/67 67 76; E-Mail: Buzan@Mind-Map.com

3

DAS GEHIRN

Von einem Wald feindlicher Speere umgeben gehe in Dich und lerne, Deinen Geist als Schutzschild zu gebrauchen.

MORIHEI UESHIBA (1883–1969)

Je mehr Sie über das Gehirn wissen, desto eher werden Sie erkennen, in welch großem Ausmaß Sie Ihre geistigen Fähgikeiten derzeit noch nicht nutzen. Wenn Sie den Umfang des Potenzials und der Kapazität Ihres Gehirns einmal verstanden haben, wird es Ihnen auch wesentlich leichter fallen, Ihr eigenes Genie zu entdecken und zu entwickeln.

Die Tatsache, dass das für Denkprozesse zuständige Organ, das Gehirn, sich im Kopf befindet, ist erstaunlicherweise erst seit rund 500 Jahren Allgemeinwissen. Selbst der große Aristoteles nahm noch an, dass viele mentale Funktionen ihren Ursprung im Herzen hätten. Trotz der Tatsache, dass wir heute bereits wesentlich mehr über die Natur und die Funktionsweise unseres Gehirns wissen als viele Genies der Vergangenheit, sind immer noch zahlreiche falsche Vorstellungen über unser Geistesorgan weit verbreitet.

Eine gängige Fehlannahme ist etwa, dass jeder Mensch nach Überschreiten eines Lebensalters von 21 Jahren im Durchschnitt täglich zwischen 1000 und 10.000 Gehirnzellen einbüße. Wenn das menschliche

Gehirn durch Lernprozesse trainiert und „genährt“ wird, dann verliert es nicht nur keine Gehirnzellen, sondern es entstehen ganz im Gegenteil stets neue und zunehmend kompliziertere Querverbindungen zwischen diesen.

Ein weit verbreiteter Irrtum ist auch die Annahme, dass die wichtigsten Fähigkeiten des Gehirns mit zunehmendem Alter kontinuierlich abnehmen würden. Zwar können zahlreiche Menschen diesen Effekt tatsächlich bei sich beobachten, aber es handelt sich dabei nicht um eine naturgegebene Notwendigkeit. Die Abnahme resultiert nämlich daraus, dass die meisten Menschen falsche Methoden anwenden, um Ihr Gehirn zu trainieren. Die ungünstigen Effekte dieser inadäquaten Maßnahmen summieren sich mit fortschreitendem Alter. Wenn Sie die in diesem Buch erteilten Ratschläge befolgen, sollten Sie jedoch in der Lage sein, Ihrem Gehirn das zu ermöglichen, was von Natur aus vorgesehen ist: laufende Verbesserungen mit zunehmendem Alter.

Daten und Fakten über das Gehirn – den menschlichen Computer

- Das Gehirn hat ungefähr die Größe von zwei geballten Fäusten und wiegt im Durchschnitt nicht mehr als 1,4 Kilogramm.
- Die Energie in den Atomen Ihres Gehirns würde ausreichen, um jede Stadt der Welt mehrmals aufzubauen.
- Die Zahl der Neuronen oder Nervenzellen in Ihrem Gehirn beträgt rund 125 Milliarden – also ungefähr 21-mal so viel, als derzeit Menschen auf der Erde leben.

- Jedes Neuron kann potenziell Verbindungen mit rund 100.000 anderen Neuronen eingehen.
- Die Zahl der Proteinmoleküle in Ihren Gehirnzellen beträgt schätzungsweise 1000 Trillionen.
- Der Körper versorgt das Gehirn durch ein Netzwerk von 200.000 wärmeempfindlichen Zellen, 500.000 berührungssensiblen Rezeptoren und vier Millionen schmerzempfindlichen Strukturen mit Informationen.
- Durch das olfaktorische System (Ihre Nase!) ist das Gehirn in der Lage, ein einziges „Geruchsmolekül" in einer Trillion von Luftmolekülen zu entdecken.
- Jene Struktur zwischen zwei Neuronen, über die Informationen übertragen werden, wird Synapse genannt. Innerhalb einer Synapse bewirkt ein elektrisches Signal die Freisetzung von chemischen Stoffen, die als „Boten" zwischen zwei Nervenzellen fungieren und Informationen – und somit auch Gedanken – übertragen. Niemand kann jedoch erklären, wie dies im Detail funktioniert.

Die linke und die rechte Seite des Gehirns

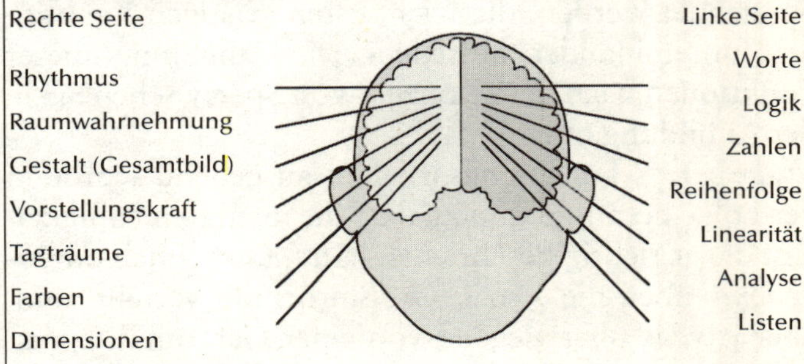

Eine weitere häufige Fehlannahme ist die Ansicht, dass bestimmte Gewohnheiten geistigen Verhaltens keinesfalls verändert werden können. Dies entspricht jedoch nicht im Geringsten der Wahrheit. Wenn Sie sich angemessene Zukunftsziele für den Gebrauch Ihres Gehirns stecken und überzeugt sind, dass Sie diese auch erreichen können, sowie Ihre Energie dafür verwenden, Ihre Genie-Qualitäten einzusetzen und weiterzuentwickeln, dann können Sie mit Leichtigkeit alles verwirklichen, was Sie sich vorgenommen haben.

Der Nobelpreisträger Professor Roger Sperry vom California Institute of Technology hat viele Jahre damit verbracht, die Großhirnrinde zu erforschen, eine rund drei Millimeter dicke, vielfach gefaltete Schicht aus Nervenzellen, die das Gehirn bedeckt. Eine seiner wesentlichsten Entdeckungen die in der Folge von anderen Forschern bestätigt und weiterentwickelt wurde, bestand darin, dass die beiden Seiten des Gehirns, die oft auch als linke und rechte Hemisphäre bezeichnet werden, die wichtigsten geistigen Funktionen untereinander aufteilen. Die Einteilung dieser Funktionen nach dem Konzept von Sperry sehen Sie in der Abbildung oben.

Von Sperrys Forschungsarbeiten ausgehend wurde in der Folge herausgefunden, dass die mentalen Fähigkeiten, die er richtig beschrieben hatte, tatsächlich *durchgehend* über die ganze Großhirnrinde verteilt sind, aber jeweils überwiegend von einer Gehirnhälfte ausgeführt werden. Deshalb ist es irreführend und wenig hilfreich, einen Menschen als ausschließlich von der linken oder der rechten Seite des Gehirns bestimmt

„abzustempeln“. Jeder Mensch verfügt über das Potenzial, all seine mentalen Fähigkeiten zu entwickeln.

Vielleicht gehören auch Sie zu jenen Menschen, die derzeit noch von der Fehlannahme ausgehen, daß Sie beispielsweise von der rechten Seite Ihres Gehirns dominiert würden. Dies bedeutet in Wahrheit jedoch nur, daß Sie die ursprünglich der linken Hemisphäre der Großhirnrinde zugeschriebenen Fähigkeiten noch nicht vollständig entwickelt haben.

Kenntnis des „mentalen Alphabets“

Wenn Sie die Beschreibung der Genie-Qualitäten (siehe Seiten 19 bis 39) gelesen haben, dann werden Sie bereits wissen, dass die Kenntnis der Funktionsweise des Gehirns also sozusagen des „geistigen Alphabets“ zu den wesentlichen Faktoren zählt, die ein Genie ausmachen. Deshalb ist es erstaunlich, dass zwar Milliarden von Dollar in Forschungen gesteckt werden, deren Ziel es ist, das verbale und das numerische Alphabet noch besser anzuwenden, aber dem wichtigsten aller Alphabete, jenem des menschlichen Gehirns, nach wie vor kaum Aufmerksamkeit geschenkt wird. Wenn Sie diese fundamentalste Form von Bildung selbst erwerben, wird Ihnen auch das Aufnehmen jeder anderen Form von Wissen wesentlich leichter fallen.

Das „mentale Alphabet“ zu kennen heißt, zwei Wissenssysteme zu verstehen, die sich auf Ihr Gehirn beziehen. Das erste ist das Alphabet der biologischen

Grundlagen des Gehirns. Dies beinhaltet Wissen über die Großhirnrinde und deren Fähigkeiten, über die Natur der Gehirnzellen und deren Potenzial, über die Beschaffenheit der Erweiterungen des Gehirns, nämlich der Sinne, sowie Wissen über die grundlegenden Funktionen der Teile des Gehirns.

Das zweite Alphabet bezieht sich auf die Verhaltensweisen Ihres Gehirns. Es umfasst das Verständnis von Lernprozessen im Allgemeinen, von Gedächtnisleistungen, Kreativität, Ihren vielfältigen Formen von Intelligenz und verschiedenen weiteren mentalen Fertigkeiten, deren Zahl wesentlich größer ist, als Sie wahrscheinlich annehmen. Ziel dieses Buches ist es, Ihr Niveau in all diesen Bereichen zu erhöhen.

Das Potenzial des Gehirns

Haben Sie sich schon einmal überlegt, wie viele innere „geistige Landkarten“ Ihr Gehirn erzeugen kann? Denken Sie jetzt darüber nach, und schreiben Sie Ihre Schätzung auf ein Stück Papier auf oder machen Sie sich eine „geistige Notiz“, bevor Sie weiterlesen. Der große russische Neuropsychologe Professor Pjotr Kouzmich Anokhin hat während der letzten Jahre seiner Forschungstätigkeit mit Hilfe von modernsten Elektronenmikroskopen, medizinischen High-Tech-Geräten zur Untersuchung des Gehirns und Großrechnern nach einer Antwort auf diese Frage gesucht. Seine Schlussfolgerung war: „Wir können zeigen, dass jede der Milliarden Nervenzellen im menschlichen Gehirn die Möglichkeit hat, im Ausmaß einer Eins, die von 28 Nullen gefolgt wird, Verbindungen einzugehen. Wenn ein einzelnes Neuron über ein derartiges Potenzial verfügt, dann ist es kaum mehr vorstellbar, über welche Möglichkeiten das gesamte Gehirn verfügt. Wenn diese Gesamtzahl in einer Schrift von 11-Punkt-Größe geschrieben würde, sähen wir eine Eins, der 10,5 Millionen Kilometer getippter Nullen folgen, vor uns …

Noch existiert kein Mensch, der in der Lage wäre, das gesamte Potenzial seines Gehirns zu benutzen. Deshalb halten wir pessimistische Schätzungen in Bezug auf die Grenzen des menschlichen Gehirns für inakzeptabel. Seine Möglichkeiten sind unbegrenzt.

4

Ein gesunder Geist in einem gesunden Körper

Weltmeister Garri Kasparow legt sehr großen Wert auf physische Fitness und macht kein Geheimnis aus seinem aufwändigen körperlichen Training. Er sieht das Schachspiel als einen geistigen Kampf und weiß, dass ohne die Unterstützung eines völlig gesunden Körpers der Geist nicht funktionieren kann.

Raymond Keene

Die Vorstellung, ein Genie sei in aller Regel ein schwacher, blasser und kränklicher Mensch, ist genau das Gegenteil von dem, was wir bei unseren Forschungsarbeiten festgestellt haben. Genies sind fast immer robust, dynamisch, voller Energie und fühlen sich rundum körperlich wohl. Wissentlich oder unwissentlich setzen sie das klassische Motto „Ein gesunder Geist in einem gesunden Körper (*mens sana in corpore sano*)“ in die Praxis um. Der große italienische Baumeister und Kunsttheoretiker Leon Battista Alberti konnte mit aneinander liegenden Füßen über die Köpfe seiner Athletenkollegen springen; Leonardo da Vinci galt als stärkster Mann in Florenz, und heute übt sich Garri Kasparow im Gewichtheben, läuft und boxt in Vorbereitung für den geistigen Kampf am Schachbrett.

Die moderne Forschung bestätigt einhellig, dass die Griechen und die Römer Recht hatten. Je mehr der menschliche Körper „genährt" wird, je mehr man sich um ihn kümmert und ihn trainiert, desto mehr wird das von ihm in Bezug auf Nahrung, Sauerstoff, Sinne und Bewegung abhängige Gehirn sich weiterentwickeln. Wenn Sie also Ihren Geist verbessern wollen, dann sollten Sie damit beginnen, an Ihrer körperlichen Kondition zu arbeiten.

In diesem Kapitel betrachten wir die wichtigsten Faktoren körperlicher Gesundheit, die zu geistiger Gesundheit und zur Steigerung der allgemeinen Intelligenz führen. Weiter zeigen wir Wege auf, wie Sie selbst einen gesunden Geist und einen gesunden Körper entwickeln können.

Die wesentlichen Faktoren zur Entwicklung umfassender körperlicher Gesundheit sind:

1. Allgemeine körperliche Fitness
2. Ernährung
3. Vermeidung von Suchtgiften
4. Schlaf und Erholung
5. Sex
6. Geistige Einstellung

Allgemeine körperliche Fitness

Aerobes Training

Als Aerobes oder Aerobic-Training kann jede Art von Training bezeichnet werden, die wortwörtlich „mit Sauerstoff“ zu tun hat. Praxisorientierter gesagt, handelt es sich um Trainingsformen, die Ihre Lebenskraft und Ihre Ausdauer erhöhen, indem Sie die Sauerstoffversorgung Ihres Körpers und Ihres Gehirns verbessern.

Bewegungsformen, welche die aerobe Fitness besonders unterstützen, sind Laufen, Schwimmen, Skilanglauf, schnelles Gehen und Gehen über weite Strecken, Rudern, körperliche Liebe sowie die Nutzung der wachsenden Palette an Geräten für aerobes Training. Um diese Aktivitäten auszuführen, den Körper zu bewegen sowie die Umwelt empfindsam wahrzunehmen, hat Ihr Körper 200 Knochen, 500 vollständig koordinierte Muskelsysteme und über 11 Kilometer Nervenfasern!

Die Aerobic-Formel

Die Formel für aerobes Training ist ausgesprochen einfach, hat jedoch tief greifende Wirkungen. Um aerob in Form zu kommen (besser mit Sauerstoff versorgt zu werden) und zu bleiben, müssen Sie nur drei Mal pro Woche folgende Form des Trainings betreiben: Sie beginnen mit einer fünfminütigen Aufwärmphase, gefolgt von einem 20-minütigen aeroben Training. In dieser Zeit sollte Ihre Herzfrequenz zwischen 120 und 180 Schlägen pro Minute betragen (je nach Alter und Ihrer derzeitigen Kondition). Beenden Sie dieses Trainingsprogramm mit einer fünfminütigen Lockerungs- und Entspannungsphase. Das Training sollte im Idealfall jeden zweiten Tag durchgeführt werden und kann mit einem Kraft-, Gelenkigkeits- und Gleichgewichtstraining kombiniert werden.

Selbst dieses relativ wenig umfangreiche Trainingsprogramm wirkt sich bereits erstaunlich gut auf Körper und Geist aus.

Die Wirkungen des aeroben Trainings auf Geist und Körper

Die menschliche Lunge besteht aus vielen Millionen von winzigen traubenähnlichen Bläschen, die Alveolen genannt werden. Das sind Hohlräume, die von einem Netzwerk aus feinen Blutgefäßen umgeben sind: den Kapillaren. Luft, die Sauerstoff enthält, strömt beim Einatmen in diese Hohlräume, und der Sauerstoff dringt durch die dünnen Kapillarwände in unsere roten Blutkörperchen. Beim Ausatmen werden die Restluft sowie im Blut enthaltene Abfallprodukte von Stoffwechselvorgängen, wie etwa Kohlendioxid, über die Atemwege ausgeschieden. Der Sauerstoff wird über das Hämoglobin in den roten Blutkörperchen im Körper verteilt. Die Funktionsfähigkeit Ihrer Lunge ist in hohem Maße von Ihren Brustkorb- und Zwerchfellmuskeln abhängig, und auch diese „Atmungsmuskel“ können nur durch aerobe Übungen in Form kommen.

Ein Mensch, der sich mit aerobem Training fit hält, kann doppelt so viel Sauerstoff verarbeiten wie ein Mensch, der nicht in Form ist. Zudem kann die Lunge eines gesunden Menschen Abfall- und Giftstoffe mit weit größerer Effizienz aus dem Körper entfernen. Daraus ergibt sich eindeutig, dass aerobes Training entscheidende Auswirkungen auf das Blut haben kann.

Blut, Energie und Gesundheit

Aerobes Training sorgt dafür, dass innerhalb des Körpers ständig „stoffliche“ Botschaften an das Gehirn gesandt werden, dass mehr Sauerstoff, als zur Zeit vorhanden ist, gebraucht wird. Folglich produziert der Körper mehr Blut und in diesem Blut mehr sauerstofftragendes Hämoglobin, mehr rote Blutkörperchen zum Transport des Hämoglobins und mehr Blutplasma für die roten Blutkörperchen. Die gesamte Blutversorgung im Körper und im Gehirn ist dadurch beträchtlich erhöht. Studien von Dr. Kenneth Cooper und anderen haben gezeigt, dass ein Mann von durchschnittlicher Größe durch aerobes Konditionieren sein Blutvolumen um rund einen Liter vergrößern kann. Ebenso wichtig ist, dass sich auch die Anzahl der roten Blutkörperchen pro Volumeneinheit vermehrt, das heißt, die Sauerstoffdichte im Blut wird größer.

Das vergrößerte Hämoglobinvolumen ermöglicht, dass mehr Sauerstoff in alle Körperteile gelangt und mehr Abfallstoffe abgetragen werden können. Aerobes Training vergrößert nicht nur das Blutvolumen, es steigert auch die Blutzufuhr zu den Muskeln. Dies verbessert generell den Blutdurchfluss und sorgt dafür, dass große Mengen zusätzlicher Kapillargefäße entstehen, um das Blut zu den äußersten Körperteilen zu tragen.

Kurz gesagt, aerobes Training erhöht die Energiezufuhr und verringert die Anfälligkeit für verschiedene Krankheiten. Es ermöglicht dem Körper, dem Gehirn und den Sinnen, natürlicher zu funktionieren, und hebt die Lebenserwartung. All diese Qualitäten sind Genie-Charakteristika.

Die Wirkung des aeroben Trainings auf das Herz

Aerobes Training vergrößert neben der Leistungskraft der Lunge, dem Blutvolumen und der Geschmeidigkeit des kardiovaskulären Systems auch Größe und Stärke des wichtigsten Muskels im Körper, des Herzens. Das Herz eines Athleten ist ein größerer, stärkerer und gesünderer Muskel als jenes des Durchschnittsmenschen. Es ist sehr effizient und pumpt mit jedem Schlag relativ viel Blut mit relativ wenig Anstrengung. Ein nicht trainiertes Herz ist schwächer wie jeder untrainierte Muskel, und die Kammern, in die das Blut fließt und aus denen es herausgepumpt wird, sind kleiner. Das Herz verfügt von Natur aus über die erstaunliche Eigenschaft, dass es sich selbst nährt. Die Kranzarterien, welche die Blut- und Sauerstoffversorgung des Herzmuskels selbst ermöglichen, sind in einem gesunden Herzen stärker ausgebildet.

Je mehr das Herz in Form ist, desto niedriger ist die Pulsfrequenz und desto größer die Menge an Sauerstoff, die mit jedem Herzschlag in den Körper gepumpt wird.

Ein gesundes Herz (auf Genie-Niveau) schlägt 60-mal pro Minute oder weniger, während ein Herz, das nicht in Form ist, auf 80 Herzschläge pro Minute kommt. Daher ist offensichtlich, dass ein schwächeres

Herz weit mehr Arbeit zu leisten hat als ein gesundes. Je mehr Sie also Ihr Herz durch ein gesundheitsförderliches aerobes Trainingsprogramm zum Arbeiten bringen, desto weniger muss es paradoxerweise arbeiten. Ähnlich wie ein perfekter Athlet arbeitet es dann in Phasen der Entspannung und Zeiten normaler Aktivität, aber ebenso in Momenten extremer Anforderungen besonders mühelos, geschmeidig und effizient. Wie ein gut und ausgewogen trainierter Athlet besitzt auch ein gesundes Herz außergewöhnliche Lebenskraft und Ausdauer.

Die Wirkung des aeroben Trainings auf das Gehirn

Das Gehirn profitiert am meisten von aerober Fitness. Jede Hirnzelle ist ein winziger und unglaublich komplexer Mikroprozessor mit eigenen Transportsystemen für Input und Output, eigenen Speichermöglichkeiten (Gedächtnis) und einem inneren Kraftwerk, das Energie, Hitze, neue Gedanken und neues Protoplasma, das Material, aus dem das Kraftwerk selbst besteht, erzeugt. In jeder Sekunde, in der Ihr Herz Blut in Ihr Gehirn pumpt (40 Prozent des Blutvorrates fließen direkt in seine Zellen), nährt es Ihr Denkorgan mit der ultimativen Energiequelle für geistige Betätigungen, dem Sauerstoff. Es ist wesentlich, dass Ihr Gehirn den „allerbesten Treibstoff“ erhält.

Der Anteil des Gehirns an Ihrem gesamten Körpergewicht beträgt zwar nur zwei bis drei Prozent, aber es verbraucht 40 bis 50 Prozent des gesamten Sauerstoffs, den Sie einatmen. Die anderen Systeme, zu denen das Skelett, das Herz selbst, die Lunge, das Muskelsystem sowie das allgemeine Nervensystem zählen, erhalten gemeinsam die Hälfte der verbleibenden Ressourcen. Es scheint fast, als hätte die Evolution das Gehirn als Ihren weitaus bedeutendsten Körperteil betrachtet. Sie sollten es auch so sehen.

Aerobes Training und das Muskelsystem

Da mit einem aeroben Übungsprogramm normalerweise der ganze Körper trainiert wird, profitieren auch die Muskeln davon. Die Ausdauer wird erhöht, höhere Geschwindigkeiten können erzielt werden, und der Tonus der Muskeln, also ihr Spannungszustand, wird verbessert. Aerob trainierte Muskeln sind gewöhnlich schmaler, feiner und länger als untrainierte, weil sie über die Blutgefäße besser genährt und versorgt werden. Die Muskeln wiederum können als „Mini-Herzen" agieren und frischen Sauerstoff in den Körper und das Gehirn pumpen.

Das Verdauungssystem

In einem aerob trainierten Körper wird der Verdauungstrakt regelmäßiger mit den notwendigen Stoffen versorgt und wirkungsvoller gereinigt. Beschwerden wie zum Beispiel Übersäuerung werden geringer, und hormonelle Niveaus werden ausgeglichen. Regelmäßige, tiefe Atmung sowie ein starker und regelmäßiger Herzschlag sorgen dafür, dass sozusagen das gesamte Verdauungssystem „massiert" wird. Die aufgenommene Nahrung kann wirkungsvoller verarbeitet werden, und das körperliche Wohlbefinden steigt insgesamt.

Schlaf

Aerobes Traininig erhöht die Schlafqualität und verringert oft die benötigte Schlafdauer. Dr. Kenneth Cooper hat in einer weiteren grundlegenden Studie zwei Gruppen von Testpersonen untersucht, die drei Wochen im Bett liegen mussten. Die erste Gruppe trainierte drei Mal täglich auf Fahrradergometern, die an den Betten angebracht waren, der zweiten Gruppe war es nicht erlaubt zu trainieren. Die Personen aus der trainierenden Gruppe konnten während der gesamten Zeit ihren gewohnten Schlafrhythmus beibehalten, das heißt, dass sie sieben bis acht Stunden pro Nacht schliefen. Die Mitglieder der nicht-trainierenden Gruppe schliefen unregelmäßig oder litten schließlich sogar unter chronischer Schlaflosigkeit. Sie neigten auch dazu, länger zu schlafen, und im Wachzustand waren sie verhältnismäßig lustlos.

Aerobes Fitnesstraining verlängert die Phasen tiefer Ruhe und Erholung für Ihr Gehirn pro Tag um durchschnittlich ein Drittel bis ein Viertel.

Die psychologischen Wirkungen

Wegen der engen Verbindung von Gehirn und Körper kann körperliche Fitness in vielerlei Hinsicht mit mentaler Fitness gleichgesetzt werden. Cooper beschreibt dieses Phänomen folgendermaßen:

„In unseren Untersuchungen konnten wir einen eindeutigen Zusammenhang zwischen körperlicher Fitness, geistiger Aufmerksamkeit und emotionaler Stabilität feststellen. Durch eine verbesserte Ausdauerleistung wird der Körper weniger ermüdungsanfällig, und es passieren weniger mentale oder körperliche Fehler. Sie können Ihre Leistung länger aufrechterhalten und benötigen weniger Pausen."

Aus einer weiteren Studie, die von Dr. Appleton und Dr. Kobes an der amerikanischen Militärakademie in West Point durchgeführt wurde, ergeben sich zusätzliche Anhaltspunkte, die für die Gültigkeit des Grundsatzes *mens sana in corpore sano* sprechen. In dieser Erhebung werden Zusammenhänge zwischen der körperlichen Eignung und Gesundheit von Kadetten und ihrem Erfolg an der Akademie untersucht. Die Untersuchungsteilnehmer wurden in Gruppen mit unterschiedlichem Fitnessniveau eingeteilt. Es zeigte sich, dass die Ausfallquote unter körperlich gut trainierten Kadetten nur halb so groß war wie jene unter ihren unsportlichen Klassenkameraden. Die körperlich nicht trainierten Kadetten waren deshalb nicht imstande, sich den Lehrstoff der Akademie anzueignen, weil sie nicht genügend Vitalität besaßen, um das notwendige Aufmerksamkeitsniveau aufrechtzuerhalten.

Ähnliche Untersuchungen haben eindeutige Zusammenhänge zwischen guten Leistungen bei körperlichen Übungen und intellektuellen sowie Führungsqualitäten gezeigt. Sie deuteten auch darauf hin, dass körperlich gut trainierte Menschen mit höherer Wahrscheinlichkeit eine positive geistige Einstellung haben als untrainierte. Sie sind tendenziell selbstbewusster, optimistischer und entschlossener, haben mehr Spaß an ihrer Arbeit und besitzen allgemein ein höheres Energieniveau sowie mehr Lebensfreude.

Kraft

Muskelkraft ist ein wichtiger Teil der allgemeinen Gesundheit. Sie umfasst die Fähigkeit all Ihrer Muskeln und Muskelsysteme, zu heben, zu ziehen und zu drehen.

Die Muskelkraft-Formel

Wie jene für das aerobe Training ist auch die Formel zum Erwerb von Muskelkraft einfach. Die Übungen müssen wiederum drei Mal pro Woche gemacht werden und sollten zwischen 20 und 60 Minuten dauern, je nach Anzahl der Muskeln und Muskelgruppen, die gekräftigt werden sollen. In der Dreimal-pro-Woche-Formel steckt eine weitere einfache Formel drei mal fünf (3 x 5), die bei jeder Übung, die Sie machen, angewendet werden sollte.

Ein Beispiel: Stellen Sie sich vor, Sie machen eine einfache Hebebewegung (einen „curl) für Ihre Bizeps-Muskeln, das sind die großen Muskeln Ihrer Arme, die es Ihnen ermöglichen, Dinge zu heben. Verwenden Sie dafür ein Gewicht, das Sie *gerade noch* fünf Mal heben können, bevor Sie erschöpft sind. Heben Sie das Gewicht fünf Mal, und machen Sie dann eine einminütige Pause. Während dieser Unterbrechung kann das Blut in Ihre Muskeln fließen (aerobe Fitness wirkt hier unterstützend!), und die Muskeln werden „aufgepumpt".

Dann sind Sie bereit für das zweite Set von fünf Hebungen. Diese werden Ihnen wahrscheinlich etwas leichter fallen als die ersten fünf, weil Ihre Muskeln nun voll und ganz aufgepumpt sind. Ruhen Sie nun für eine weitere Minute, und machen Sie dann ein drittes Mal die fünf Hebungen. Diese werden Ihnen wahrscheinlich am schwersten fallen, da Ihre Muskeln nun von den vorhergehenden Übungen müde und gedehnt sind. Die letzten fünf Hebungen sollten Sie nur gerade noch schaffen.

Diese Formel (3 x 5) sollte für jeden Muskel und jede Muskelgruppe, die Sie trainieren, angewendet werden. Nach der dritten Wiederholung der jeweiligen fünf Übungen erkennt der Körper, dass er Volumen und Kraft des Muskels vergrößern muss, um mit dieser neuen Anforderung fertig zu werden. Er wird während der Ruhetage mehr Muskelgewebe hinzufügen und dadurch die Masse, Größe und Stärke Ihrer Muskeln erweitern. Die relativ geringe Anzahl an Wiederholungen mit solchen Gewichten, die Sie gerade noch heben können, sorgt dafür, dass relativ massige Muskeln entstehen. Wenn es Ihnen nach einiger Zeit schon leichter fällt, das ursprüngliche Gewicht zu heben, sollten Sie einfach mehr Gewicht hinzufügen und bei der 3 x 5-Formel bleiben.

Eine größere Anzahl von Wiederholungen, ungefähr zwischen sechs und 20, wird die aerobe Fitness von Muskeln zunehmend steigern, diese aber zugleich eher schmäler und länger formen und nicht so massig werden lassen. Außerdem sorgen mehr Wiederholungen zwar für weniger unmittelbare Körperkraft, dafür aber für mehr Ausdauer und Durchhaltevermögen.

Aus der Kräftigung von Muskeln können sich zahlreiche weitere Vorteile ergeben. Beispielsweise ein allgemein größeres Leistungsvermögen, mehr Selbstvertrauen und mehr Respekt von anderen. Die Schachweltmeister Bobby Fischer und Garri Kasparow haben beide schon öffentlich erklärt, dass sie deshalb intensiv körperlich trainieren würden, weil sie sich dadurch während eines mentalen Wettbewerbs *in jeder Hinsicht* stärker fühlten.

Gelenkigkeit

Gelenkigkeits-Fitness bezieht sich auf die Fähigkeit Ihrer Körpergelenke, sich ihrer Funktion und ihrem natürlichen Spielraum entsprechend frei in alle Richtungen bewegen zu können. Wenn der Körper gelenkig ist, können sich die Muskeln zu ihrer vollen Länge ausdehnen, und die Verletzungsgefahr wird verringert. Auch das Nervensystem funktioniert besser, wenn keine Muskelverspannungen die Übertragung von Nervenimpulsen blockieren. Ähnliches gilt für die Versorgung des Körpers mit Sauerstoff, da auch dessen Transport durch die Blutgefäße ohne Einschränkungen und Blockade leichter möglich ist.

Dass wir ein natürliches Bedürfnis nach Gelenkigkeit haben, lässt sich an unserem Verlangen erkennen, uns zu dehnen und zu strecken, wenn wir länger gesessen haben oder bevor wir in der Früh aufstehen. Ähnliche Verhaltensweisen können auch bei Tieren beobachtet werden (einer der besten „Lehrer“ in diesem Bereich der Fitness ist die Katze!).

Das Dehnen ist eine der besten Gelenkigkeitsübungen und kann täglich spontan auf natürliche Weise durchgeführt werden. Es sollte aber auch beim aeroben und beim Muskeltraining eingesetzt werden, wo es einen wesentlichen Teil der Aufwärmphase sowie der Entspannungsphase ausmachen sollte. Bewegungsformen, die speziell dafür gedacht sind, die Gelenkigkeit zu steigern, sind etwa Tanz, Yoga, Gymnastik, Aikido und Stretching-Übungen.

Haltung

Manche Menschen sind aerobisch in Form, muskulös und gelenkig, aber trotzdem insgesamt nicht „im Gleichgewicht". Eine perfekte Haltung bedeutet, dass der Körper „ausbalanciert" ist. Alle Elemente des Muskel- und Knochensystems, insbesondere der Kopf, die Wirbelsäule und die Gelenke, sollten richtig ausgerichtet sein. Interessanterweise war etwa Leonardo da Vinci nicht nur der wahrscheinlich kortikal ausgeglichenste Mensch aller Zeiten, sondern er war auch für seine außergewöhnlich gute Körperhaltung sowie die Grazie und Harmonie seiner Bewegungen bekannt.

Die richtige Haltung ermöglicht fließende Bewegungen und den natürliches Fluss unserer inneren Energie. Sie kann auch als ein Zustand „ausbalancierter" Ruhe beschrieben werden, in dem der Körper unabhängig von seiner jeweiligen Position grundsätzlich wachsam ist und bereit, jederzeit wirkungsvoll in Aktion zu treten. Um eine gute Haltung zu erlangen, sind bestimmte Formen von Tanz und Yoga, Aikido sowie die Alexander-Technik (siehe Seite 193) ausgezeichnet geeignet. Letztere ist eine wissenschaftliche und praktische Technik, die sich damit beschäftigt, den Körper so auszurichten, wie er von Natur aus ausgerichtet sein sollte. Sie wurde von dem Genie F. M. Alexander entwickelt.

Zusammenfassung

Wenn Sie insgesamt fit sein wollen, sollten Sie keinen der vier oben beschriebenen Bereiche vernachlässigen, also aerobe Fitness, Stärke, Gelenkigkeit und Haltung. Die ersten drei Bereiche erfordern spezielle Übungen und eine gewisse Routine. Am besten stellen Sie sich dafür ein fachgerechtes Gesamttrainingsprogramm zusammen.

Für denjenigen, der beim Fitwerden Zeit sparen will, sind Sportarten gut geeignet, in denen alle drei Bereiche in ausreichendem Maße trainiert werden. Dazu zählen etwa Rudern, Schwimmen, Laufen, die Kampfsportarten (speziell Aikido), Gymnastik und Skilanglauf.

Es ist hilfreich, Aufzeichnungen über Ihre Trainingsaktivitäten zu führen. Auf dieser Seite finden Sie ein Diagramm der allgemeinen körperlichen Fitness, in welches Sie Ihre Fitnessniveaus in den drei Teilbereichen eintragen können. Dadurch können Sie sich sowohl ein Bild darüber machen, wie gut Ihre Fitness derzeit „ausbalanciert“ ist, als auch Ihre Ziele für die Zukunft abstecken.

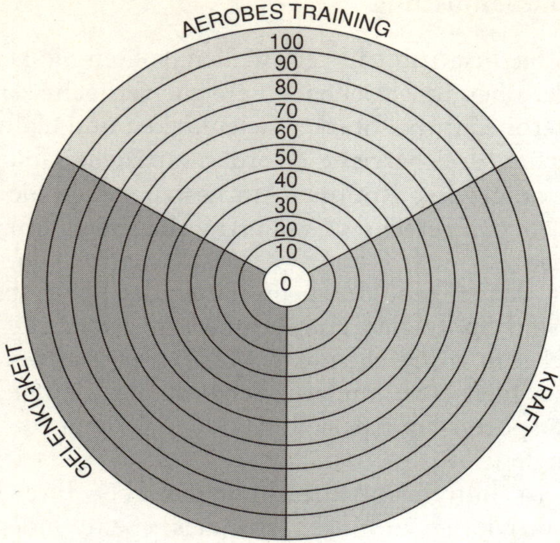

Verwenden Sie dieses Diagramm als Hilfe, um das Gleichgewicht zwischen aerobem Training, Gelenkigkeit und Kraft zu bewahren. Bewerten Sie Ihr Fitnessniveau für jeden der drei Bereiche mit einer Zahl zwischen 1 und 100.

Ernährung

Beeinflusst die Qualität der Nahrung, die Sie zu sich nehmen, Ihre körperliche Gesundheit, und vor allem Ihre Geisteskraft? Die Antwort lautet eindeutig „Ja“, und es gibt zunehmend mehr wissenschaftliche Studien, die dies untermauern. Eine Ernährung, die Ihren

Geist und Ihren Körper gesund erhält, muss aus Lebensmitteln bestehen, deren Inhaltsstoffe wertvoll für das Herz-Kreislauf-System, das Verdauungssystem, das Gehirn und das Nervensystem sind. Über die Jahrhunderte hinweg wurden bestimmte Ernährungsprinzipien entdeckt, die sich zur Erhaltung der Gesundheit im Allgemeinen als besonders gut geeignet erwiesen haben.

Allgemeine Prinzipien

- **Essen Sie frische Nahrungsmittel,** wann immer es möglich ist. Frische Nahrungsmittel haben den Vorteil, „vollständig" zu sein und mehr Vitamine, Mineral- und Nährstoffe zu enthalten als Tiefkühlkost oder Konservennahrung.
- **Ernähren Sie sich auf vielfältige Weise.** Eine abwechslungsreiche Ernährung sorgt dafür, dass der Körper zu jedem beliebigen Zeitpunkt aus einem größeren Bereich an Möglichkeiten jene Stoffe auswählen kann, die er momentan besonders benötigt. Wenn Sie regelmäßig die gleichen Nahrungsmittel zu sich nehmen oder an bestimmten Tagen immer das Gleiche essen, erhöht sich die Wahrscheinlichkeit von Überbelastungen des Ernährungssystems, aber auch eines Mangels an einigen notwendigen Stoffen.
- **Schauen Sie sich an.** Stellen Sie sich regelmäßig nackt vor den Spiegel, und sehen Sie sich von vorne und von der Seite an. Betrachten Sie sich so, wie Sie ein wildes Tier anschauen würden, und entscheiden Sie, ob Sie so gesund und fit aussehen, wie Sie

sollten. Wenn nicht, sollten Sie angemessene Schritte zur Änderung Ihres Ernährungsstils unternehmen. Wenn Sie mit Ihrem Erscheinungsbild zufrieden sind, dann machen Sie weiter wie bisher.

- **Hören Sie auf sich.** Ein Großteil Ihres Essverhaltens ist einfach nur Gewohnheit. Wir sagen oft „ja" zu jedem Imbiss oder kleinen Leckerbissen, der uns angeboten wird, „ja" zu jeder Tasse Tee oder Kaffee, die uns offeriert wird, und „ja" zu uns selbst, wenn wir auf der Speisekarte ein Gericht sehen, von dem wir „wissen", dass wir es mögen.
  Wenn Sie in Gesellschaft Speisen und Getränke auswählen, sollten Sie sich dabei nicht von anderen beeinflussen lassen. Stellen Sie sich vor, alleine zu sein, und bestellen Sie, was Sie tatsächlich wählen würden, wenn Sie die größtmögliche Auswahl hätten. Essen Sie, worauf Sie wirklich Lust haben.
  In diesem Zusammenhang sind die Ergebnisse einer wissenschaftlichen Studie zum Ernährungsverhalten von Kindern sehr interessant. Dabei wurden zweijährige Kinder zwei Wochen lang in einem großen, schlossähnlichen Gebäude untergebracht, in dem alle nur erdenklichen Lebensmittel in großer Menge vorhanden waren. Nach dem ersten Tag dieser Untersuchung waren die Studienleiter sehr besorgt, weil ein kleiner Junge sich mit Schokolade vollstopfte, während ein anderer mehr als zehn Bananen aß. Am Ende der zwei Wochen hingegen wählte jedes Kind von sich aus eine vollständig ausgewogene Ernährung.

Lassen auch Sie Ihren Körper seine natürliche Intelligenz gebrauchen, um das zu wählen, was er benötigt.

Eine gute Basisernährung

Jede Person benötigt eine Ernährung, die speziell auf ihre individuelle Körperchemie, ihr allgemeines Verhalten und ihre spezielle körperliche Betätigung abgestimmt ist. Bestimmte Lebensmittelgruppen ergeben jedoch eine gute Grundernährung, von der ausgehend individuelle Variationen geschaffen werden können.

Gemüse und Obst

Gemüse sollte die Basis jeder gesunden Ernährung bilden. Es ist reich an Nährstoffen und enthält zahlreiche Ballaststoffe, die den Verdauungstrakt reinigen sowie seine Muskeln in Form und geschmeidig erhalten. Gemüse kann schnell und leicht verdaut werden. Ganz ähnlich wie Gemüse sollte auch Obst Bestandteil einer ausgewogenen Ernährung sein.

Nüsse, Samen und Vollkornprodukte

Produkte aus dieser Lebensmittelgruppe sind hochkonzentrierte Spender von „Gehirnnahrung". Da sie alle genetischen Informationen enthalten, die für das Gedeihen einer Pflanze notwendig sind, könnte man sie in gewisser Hinsicht auch als die „Gehirne" der Pflanzen betrachten.

Fisch

Fisch wird traditionell als Nahrungsmittel betrachtet, das sich günstig auf den Geist auswirkt. Untersuchungen von Professor Michael Crawford, dem Direktor des Institute for Brain Chemistry and Human Nutrition, bestätigen diese Annahme. 60 Prozent des Gehirns bestehen aus einer speziellen Fettart bzw. Flüssigkeit, die unser Körper größtenteils nicht selbst produzieren kann und deshalb aus der Ernährung beziehen muss. Die Hauptquelle dieser essenziellen Fette ist der Fisch. Crawford geht sogar so weit, die Theorie aufzustellen, dass die Entwicklung von Intelligenz und menschlichem Genie in hohem Ausmaß der Tatsache zu verdanken sei, dass Kulturen rund um Seen, an Flussbecken und Küsten entstanden, wo die „Gehirnnahrung" Fisch naturgemäß im Überfluss vorhanden war.

Fleisch

Fleisch kann sehr nahrhaft sein und sollte von jenen, die danach verlangen, höchstens zwei bis drei Mal in der Woche gegessen werden. Bei vielen Fleischsorten besteht die Gefahr, dass zahlreiche chemisch-synthetische Stoffe darin enthalten sind. Deshalb ist es besser, nach Möglichkeit Wildfleisch zu essen.

Gehirnnahrung

Die meisten jener Lebensmittelgruppen, die als „gute" Ernährungsgrundlage angeführt wurden, enthalten verschiedene Substanzen, die auch dem Gehirn zugute kommen können (und was gut für das Gehirn ist, ist auch gut für den Körper!). Im Speziellen müssen das Gehirn und sein Nervensystem jedoch mit bestimmten Aminosäuren (den Bestandteilen von Proteinen), B-Vitaminen, essenziellen Fetten, die in großem Ausmaß in Fisch vorhanden sind, und den Mineralien Kalium, Magnesium, Eisen und Zink versorgt werden. Jede gesunde Ernährung sollte aus solchen Lebensmitteln zusammengestellt sein, in denen diese essenziellen Nährstoffe enthalten sind. Je mehr der Körper aerobisch in Form ist, desto besser kann das Verdauungssystem Nahrung aufnehmen, und desto gründlicher und wirkungsvoller kann das Blut die Nährstoffe ins Gehirn und durch den ganzen Körper transportieren.

Intelligente Ernährung

Wer sich „intelligent“ und ausgewogen ernährt, nimmt bereits von Natur aus eine ausreichende Menge an Salzen auf. Es ist daher nicht notwendig und in vielen Fällen sogar schädlich, die Nahrung zusätzlich zu salzen. Auch mit Zucker sollte sparsam umgegangen werden.

Zudem sollte auch darauf geachtet werden, jegliche Art industriell behandelter oder konservierter Nahrung nach Möglichkeit zu meiden. Sie ist relativ schwer zu verdauen und kann auch Substanzen enthalten, die unserer allgemeinen Gesundheit schaden.

Wir wissen nun, dass das Sprichwort „Du bist, was du isst, der Wahrheit entspricht. Essen sie mit Intelligenz und werden Sie intelligenter.

Suchtgifte

Das Wort „Suchtgifte“ beschwört zahlreiche Ängste und Bedrohungen herauf, und es ist wahr, dass süchtig machende Drogen wie Heroin, Kokain, Crack, Ecstasy und Marihuana im Allgemeinen sehr negative Auswirkungen auf das menschliche Nervensystem haben. Ihre möglichen Nebenwirkungen sind Gedächtnisverlust, Paranoia, neurologische Schäden, schlechte soziale Anpassungsfähigkeit, Depressionen und Tod. Fallweise können sie unter der Aufsicht von Medizinern auch als Medikamente verwendet werden. Die zwei von den Vereinten Nationen als am gefährlichsten bezeichneten Suchtgifte sind jedoch Nikotin und Alkohol, und beide beeinträchtigen sowohl das Gehirn als auch den Körper.

Nikotin

Jedes Mal, wenn Nikotin inhaliert wird, bedeckt eine gelblich-braune Ölschicht die 600.000.000 Alveolen der Lunge und erschwert es somit dem Sauerstoff beträchtlich, in den Blutkreislauf zu gelangen. Das führt dazu, dass dem Gehirn ein Teil der von ihm benötigten Energie nicht mehr zur Verfügung steht. Insgesamt erinnert der Effekt des Rauchens an einen Ölteppich, der das Meer bedeckt und der verhindert, dass die Sauerstoff atmenden Tiere und Organismen darunter überleben. Als Resultat dieser gesundheitlichen Beeinträchtigung sind die allgemeinen körperlichen Funktionen und die Lebenserwartung folgendermaßen betroffen:

- 20 Zigaretten pro Tag
  Erkrankungen der oberen Atemwege sowie des Herz-Kreislauf-Systems treten allgemein häufiger auf, die Lebenserwartung wird durchschnittlich um zwei Jahre verkürzt.
- 20-40 Zigaretten pro Tag
  Die meisten schweren Krankheiten, insbesondere Krebs, treten mit zwei bis drei Mal höherer Wahrscheinlichkeit auf als bei Nichtrauchern. Die Lebenserwartung wird durchschnittlich um fünf bis zehn Jahre verkürzt.
- 40 Zigaretten und mehr pro Tag
  Die meisten schweren Krankheiten treten mit fünf- bis zehnmal höherer Wahrscheinlichkeit auf. Die Lebenserwartung wird durchschnittlich um 12 bis 15 Jahre verkürzt.

Alkohol

Eine hilfreiche Art, sich diese Droge anzusehen, ist, „die Sichtweise" eines Marsbewohners zu übernehmen, der die Auswirkungen unterschiedlicher Mengen dieser besonderen Flüssigkeit auf das Gehirn sowie auf das Nerven- und Muskelsystem der Erdenbewohner betrachtet. Übermäßiger Alkoholgenuss über einen längeren Zeitraum hinweg verursacht massive Gedächtnisverluste, Schäden an lebenswichtigen Organen und Beeinträchtigungen von Wortschatz und Sprache. Zudem ist auch mit negativen Auswirkungen auf das Muskelsystem und dem Verlust von Gehirnzellen, des Gleichgewichtsgefühls und des Koordinationsvermögens zu rechnen. Die Lebenserwartung wird verkürzt.

Allerdings soll hier für jene Leser, die gerne trinken, auch vermerkt werden, dass für moderaten Alkoholkonsum in Untersuchungen auch schon positive Auswirkungen festgestellt wurden. Mäßiges Trinken kann Geist und Körper entspannen, und zwar gilt dies speziell, wenn das Getränk mit einem Essen eingenommen wird und für körperlich gut trainierte Personen. In manchen Fällen kann moderater Alkoholkonsum sogar das Herz-Kreislauf-System unterstützen. Einige Studien zeigen, dass Menschen, die Alkohol in Maßen zu sich nehmen, eine um zwei Jahre höhere Lebenserwartung haben. Auf den Alkohol bezogen kann ein ähnlicher Ratschlag gegeben werden wie jener, der bereits im Abschnitt „Ernährung" erwähnt wurde: Es ist vor allem wichtig, dass Sie auf die *wahren* Bedürfnisse Ihres Körpers „hören".

Schlaf und Erholung

In welcher der folgenden Sitationen haben Sie manchmal urplötzlich kreative Ideen, intensive Erinnerungen oder finden unverhofft die Lösung zu Problemen, mit denen Sie sich beschäftigt haben?

	Ja	Nein
In der Badewanne		
Beim Duschen		
Beim Rasieren		
Beim Schminken		

Auf der Toilette		
Im Bett		
Während des Schlafens/Träumens		
Beim einem Spaziergang in der Natur		
Beim Fahren		
Beim Joggen/ Schwimmen		
Beim Kritzeln		
Beim Musikhören		

Fast alle Leute kreuzen zumindest eine der oben genannten Möglichkeiten an, die meisten sogar mehrere davon. Das ist deswegen so, weil Erholung für den Geist ebenso notwendig ist wie für den Körper. Der Prozess geistiger Aktivität könnte mit der Atmung verglichen werden. Das aktive Lernen und die Aufnahme von Informationen entsprechen dem Einatmen. Das Sortieren und die Integration von Informationen sowie die Erholung entsprechen dem Ausatmen.

Ruhe, Entspannung und Einsamkeit sind oft optimale Voraussetzungen für das Entstehen von kreativen Ideen oder dafür, unser Erinnerungsvermögen umfassend und intensiv zu aktivieren. In Zeiten der Erholung können wir in Tagträume über Äpfel und Gravitation verfallen, wie Newton, über Körper und Wasser, wie Archimedes, über Sonnenstrahlen und die Struktur des Universums, wie Einstein, oder auf völlig neue großartige Ideen, die vielleicht schon demnächst in *Ihrem* Geist entstehen.

Oder anders ausgedrückt: Um gut zu funktionieren, braucht Ihr Gehirn nicht nur Phasen der Anregung und Aktivität, sondern auch in regelmäßigem Abstand ausreichend lange Pausen. Wenn Sie sich nicht selbst genügend Erholung gönnen, wird Sie Ihr Gehirn ohnehin dazu veranlassen, dies zu tun. Geistige Überanstrengung macht sich zunächst durch eine Verminderung der Konzentrationsfähigkeit und nervöse Anspannung bemerkbar, in extremeren Fällen wird sie als Nervenzusammenbruch bezeichnet. Dies sind alles Fälle, in denen Ihr Gehirn darauf *besteht*, dass Sie eine Pause machen und sich um Ausgleich bemühen.

Der Schlaf ist eine besonders tiefe Form der Erholung. Er ist ein Zustand, in dem das Gehirn die Tages- und Lebenserfahrungen integriert, adaptiert, sortiert und ablegt, aber auch Probleme löst. Träume sind ein natürlicher Teil dieses Prozesses, und sie gehören zu den wichtigsten Quellen der Inspiration für kreative Genies.

In einer Studie, die in den frühen 60er-Jahren an der Universität von British Columbia durchgeführt wurde, konnten sich Studenten zu einem Psychologiekurs über Träume anmelden. Zu Beginn legten sie zahlreiche Persönlichkeitstests und Eignungsprüfungen ab, und danach begannen ihre Studien. Zu ihrer Verwirrung war alles, worum sie der Professor bat, zu erzählen, ob sie seit der letzten Stunde irgendwelche Träume gehabt hätten. Falls ja, sollten sie diese im Detail beschreiben und dann mit der Klasse diskutieren.

Im Laufe des Studienjahres mussten sich die Studenten dann regelmäßig psychometrischen Tests unterziehen, ansonsten blieb der Ablauf des Kurses jedoch gleich. Bis zum Ende des Studienjahres stieg die Anzahl der Studenten, die ihre Träume erzählten, von sehr wenigen auf die gesamte Klasse. Die psychometrischen Tests zeigten, dass die Studenten sich selbst besser einschätzen konnten, dass ihre Kreativität sich erhöht hatte und dass ihre akademischen Leistungen sich allgemein verbessert hatten. Ihre Fähigkeit, sich selbst auszudrücken, war wesentlich gestiegen, und sehr viele der Studenten zeigten künstlerische Ambitionen oder hatten sich neue Hobbys zugelegt.

Die Schlussfolgerung aus dieser Studie war, dass eine intensivere Auseinandersetzung mit unseren Träumen das allgemeine Wohlbefinden und den kreativen Output stark verbessern kann. Dies scheint auch das Leben der großen Denker und kreativen Genies zu bestätigen, die aus ihren Träumen und ihrer Fantasie oftmals Anregungen für großartige neue Ideen bezogen.

In einem gut trainierten und ernährten Körper wird der Schlaf tief und heilsam sein, und er wird oft aus einer unendlichen Quelle der Kreativität bedeutende Einblicke und Erkenntnisse ermöglichen.

Sex

Das größte Sexualorgan im Körper befindet sich nicht zwischen den Beinen, sondern zwischen den Ohren! Körperlicher Sex kann auch als umfassendes Fitnessprogramm betrachtet werden. Er kann aerobes, Kraft- und Gelenkigkeitstraining auf hohem Niveau beinhalten.

Sex stimuliert auch die intellektuellen Fähigkeiten, und für ihn gelten die gleichen Prinzipien wie für Lernprozesse, Erinnerungsvermögen, Kreativität und Vergnügen. Je mehr kortikale Fähigkeiten und je mehr Sinne involviert sind, desto vollständiger, stimulierender und buchstäblich „orgastischer" wird die sexuelle Erfahrung.

Ein Liebeserlebnis ist deshalb so intellektuell anregend, motivierend, unvergesslich und wundervoll, weil dabei alle kortikalen Fähigkeiten gebraucht und alle Sinne einbezogen werden. Intensive Gespräche, Blumen, Pläne, Essen, Weine, Poesie, schöne Plätze, Natur, Düfte und Berührung, all dies und noch vieles mehr gehört zu den angenehmen Komponenten einer Romanze.

Die Kombination aus Sexualität, Liebe und der völligen Hinwendung der Aufmerksamkeit zu einer einzigen Person hat viele der großen Genies der Welt zu ihren bedeutendsten Werken der Kunst, der Poesie, der Literatur, der Musik und der Eroberung inspiriert. Beethoven, Picasso und Dalí nahmen oft für sich in Anspruch, dass ihre Werke allein durch dieses Triumvirat inspiriert worden seien.

Die vielfältigen Formen von Intelligenz und die Sexualität sind alle Teil des gleichen fein gewobenen Stoffes. Das erklärt, warum die meisten der großen Genies der Welt, egal aus welchem Bereich, für ihren außerordentlichen sexuellen Appetit bekannt waren, von dem man einst annahm, er sei eher eine Verirrung als das Erkennungszeichen eines Genies. Intelligenz, in ihrer weitesten Auslegung, ist sexy!

Geistige Einstellung

Die geistige Einstellung steht in direktem Zusammenhang mit der körperlichen Gesundheit und der mentalen Fitness. Eine Geisteshaltung, die von Angst, Unentschlossenheit, Gleichgültigkeit, Erstarrung und Negativismus geprägt ist, bewirkt Stress, gesundheitliche Probleme und generell eine Verringerung der geistigen Fähigkeiten. Studien, die von der British Medical Association und von der American Medical Association durchgeführt wurden, zeigen, dass 80 Prozent aller Erkrankungen durch derartige geistige Einstellungen verursacht werden.

Eine offene, engagierte, flexible, mutige, neugierige und optimistische Einstellung kann die physische Gesundheit verbessern und Stress reduzieren. Auch der Geist wird dadurch wacher und aufmerksamer und ist so besser in der Lage, mit jenen „Intelligenztests", die uns das Leben fast täglich aufgibt, umzugehen.

Erste Forschungsresultate auf diesem Gebiet deuten darauf hin, dass eine positive geistige Einstellung möglicherweise sogar das Wachstum komplizierterer und raffinierterer „Querverbindungen" zwischen den Gehirnzellen fördern kann. Außerdem wurde in einer Untersuchung auch herausgefunden, dass eine optimistische Geisteshaltung für jene älteren Menschen charakteristisch ist, die als „in ihrem Leben erfolgreich" beschrieben werden können. Eine positive Einstellung kann außerordentlich viel zu einem längeren und gesünderen Leben beitragen.

Ihr nächster Schritt nach vorne

Auf Grundlage der Informationen, die in diesem Kapitel beschrieben wurden, sind folgende Schritte sehr empfehlenswert, um „den gesündesten Geist im gesündesten Körper" zu entwickeln:

- Führen Sie ein Basistraining durch und zwar vor allem aerobes Training, jeweils mindestens 20 Minuten und mindestens drei Mal pro Woche.
- Stärken Sie Ihre Muskeln.
- Versuchen Sie, gelenkiger zu werden und zu bleiben.
- Verbessern Sie Ihre Haltung.
- Schaffen Sie sich eine Gruppe von Gesundheitsexperten, die Sie berät. Unter ihnen könnten Fachärzte, Sporttrainer, Fitness-Instruktoren und ein Lehrer für die Alexander-Technik (siehe Seite 193) sein.
- Nehmen Sie sich Zeit für Spiele – dies ist eine der besten Arten des Allround-Trainings, vor allem wenn Sie mit Kindern spielen können.
- Lernen Sie sich selbst besser kennen. Messen Sie Ihr Gewicht und Ihre Kraft, machen Sie sich regelmäßig Gedanken über Ihren Gesundheitszustand.
- Integrieren sie regelmäßige Ruhephasen in Ihr Leben.
- Beginnen Sie damit, entsprechend den Grundprinzipien einer gesunden Ernährung zu essen und achten Sie darauf, dies beizubehalten.
- Fertigen Sie eine Mind Map® (siehe Seite 195) Ihrer derzeitigen Niveaus in den verschiedenen Gesundheitsbereichen und Ihrer Ziele für die Zukunft an. Realisieren Sie diese Ziele.

5

Die Gehirnprinzipien: Genie-Formeln

Wissenschaft ist die Suche nach Wissen. Wohin auch immer uns das Wissen führen mag, wir müssen Suchende bleiben. Klarheit darüber zu gewinnen, was, warum und wo wir sind, ist das nicht die großartigste aller menschlichen Bestrebungen?

Sir Arthur Conan Doyle (1859–1930)

Unser wachsendes Wissen über das Gehirn hat uns auch Einblicke in die Grundprinzipien seiner Funktionsweise verschafft. In diesem Kapitel werden sechs dieser Prinzipien vorgestellt. Alle sind für die Entfaltung von Genie von wesentlicher Bedeutung.

Das Synergie-Prinzip

Frühere Modelle und Konzepte des Gehirns beruhten oft auf der Annahme, dass seine Fähigkeiten und die zugrunde liegenden mathematischen Operationen beschränkt wären. Wie neue Forschungsarbeiten jedoch gezeigt haben, ist das Gehirn ein mathematisch-synergetisch arbeitendes Organ. In einem synergetischen

System ergibt 1 plus 1 mehr als 2. Dieses „mehr als 2" kann jedoch unendlich groß sein. Daher können wir mit gutem Grund davon ausgehen, dass die Fähigkeiten des Gehirns unbeschränkt sind, eine Auffassung, zu der auch Professor Pjotr Anokhin bei seinen physiologischen Untersuchungen der Fähigkeiten der einzelnen Gehirnzelle und ihrer Verknüpfungen gelangte.

Ein einfacher Beleg für dieses außerordentliche Potenzial des Gehirns ist die alltägliche und universelle Gewohnheit des Tagträumens. Beim Tagträumen können wir uns Liebesromane, mysteriöse Kriminalfälle und Horrorgeschichten ausdenken, die es durchaus mit den erfolgreichsten aktuellen Kinofilmen aufnehmen könnten. Wird das Synergie-Prinzip mit Radialem Denken und Mind Mapping® verbunden, kann Ihr Gehirn für alle Zeiten weiter assoziieren, ohne jemals einzuhalten. Daher ist die Fähigkeit jedes Einzelnen, divergent zu denken, das Gegenteil der Fähigkeit zum konvergenten Denken, die von Intelligenztests gemessen wird – nicht nur unbegrenzt. Sie macht es auch möglich, ganz persönliche innere Wissenswelten, vernetzte Gedankenketten, Erinnerungen sowie einzigartige innovative und inspirierende Ideen hervorzubringen.

Weitere Untersuchungen der Funktionsweise des Gehirns belegen, dass jede Gehirnzelle beim Ablauf intensiver Denk- und Lernvorgänge neue „Verknüpfungspunkte" für die Kommunikation mit anderen Gehirnzellen produziert. Dadurch entsteht ein immer raffinierterer, komplizierterer und komplexerer Bio-Computer. Woran wir denken, wie wir denken und wie wir über das Denken denken, verändert also tatsächlich den biologischen Aufbau unserer Gehirne. Diese neuen Erkenntnisse sind besonders ermutigend: Sie lassen vermuten, dass sich die Art und Weise, wie die Menschheit mit den Möglichkeiten des Brainstorming umgeht, dramatisch verändern und verbessern lässt.

Bevor uns diese Idee zu sehr zu Kopfe steigt, sollten wir uns mit der aus der Computerwelt stammenden Abkürzung GIGO für „garbage in, garbage out" befassen. („Wo Müll hineingegeben wird, kommt auch Müll heraus"; sinngemäß: Ohne zuverlässige Daten kein sinnvolles Ergebnis.) Eine Zeit lang ging man davon aus, dass dieses Prinzip in gleicher Weise für das Gehirn wie für den Computer gilt. Diese Annahme ist jedoch falsch. Die für das Gehirn passende Abkürzung ist GIGG, also „garbage in, garbage GROWS"! Da das Gehirn synergetisch arbeitet, findet der Müll, mit dem wir es füttern, einen wunderbaren Nistplatz und vervielfältigt sich. Das Gehirn kann sich daher nicht nur selbst erschaffen, sondern ist auch in der Lage, sich selbst zu zerstören. Und das außerdem auf synergetische Art und Weise – seine Selbstzerstörungskraft ist also nahezu unbegrenzt. Wenn Sie an Ihr eigenes Leben, das Tagesgeschehen oder die Geschichte Ihrer eigenen Gemeinschaft, Ihres Landes oder der Welt denken, werden Sie Beispiele außergewöhnlicher schöpferischer Kraft wie etwa die großartige italienische Renaissance vorfinden, genauso aber auch grauenhafte Beispiele von Massenvernichtung und individueller Destruktivität.

Doch in dieser schlechten Nachricht verbirgt sich auch etwas Gutes. Glücklicherweise ist das Gehirn nicht dazu konzipiert, sich selbst zu zerstören. Das wird nur in einer einzigen Situation geschehen, und diese Situation besteht aus drei Elementen. Das menschliche Gehirn wird sich nur selbst zerstören, wenn es

- über die falsche Formel verfügt,
- diese Formel für die richtige hält,
- sich danach verhält oder sie anwendet.

Die Ironie daran: Je liebevoller, intelligenter, kreativer und mächtiger eine Einzelperson oder eine Gruppe ist, desto rascher wird sie sich selbst zerstören, wenn sie über die falsche Formel verfügt, an ihre Richtigkeit glaubt und sie anwendet. Stellen Sie sich etwa einen besonders starken, gewandten und gut trainierten Menschen vor, der in einen Sumpf oder in Treibsand gerät. Falls dieser Mensch glaubt, die richtige Formel für seine Befreiung bestehe darin, mit aller Kraft um sein Leben zu strampeln, wird ihn seine ganze körperliche Stärke unbeabsichtigt praktisch im Nu versinken lassen.

Daher kommt es darauf an, dass wir die richtige Formel finden. Dieses Buch ist eine umfassende Bestandsaufnahme all jener Formeln, die positive Synergien erzeugen und das menschliche Gehirn in seinen natürlichen Zustand versetzen, jenen der natürlichen und permanenten Wiedergeburt von Genie. Beispiele dafür liefern die in diesem Kapitel erläuterten Gehirn-Prinzipien.

Das Erfolgsprinzip

Im 20. Jahrhundert glaubte man lange, dass das Gehirn nach der Trial-and-error-Methode („Versuch und Irrtum“) arbeite. Dieses Konzept war beinahe richtig, setzte jedoch unglücklicherweise den Akzent falsch. Denn wäre das Gehirn ein Trial-and-error-Mechanismus, wären wir geboren worden und nach einigen Irrtümern gestorben. Tatsächlich verlief unser Leben nach der Geburt aber nach dem Muster Erfolg, Erfolg, Erfolg; dann Irrtum, Überprüfung, Anpassung, Erfolg, Erfolg und so weiter. Mit anderen Worten, das Gehirn arbeitet nach der Trial-and-success-Methode („Versuch und Erfolg“).

Sobald wir das zur Kenntnis nehmen, finden wir zu einer völlig veränderten Einstellung zu uns selbst, und anstatt uns als „bloß menschlich“ zu verstehen, begreifen wir das Positive an unserer Existenz als Menschen: die überwältigende Palette von Begabungen, Fähigkeiten und Potenzialen, mit der wir ausgestattet sind.

Der Pygmalion-Effekt

Wenn wir uns selbst in einem günstigeren Licht betrachten, entsteht ein selbst induzierter Pygmalion-Effekt. Der Pygmalion-Effekt beschreibt, was geschieht, wenn Kinder von ihren Eltern, Freunden und Lehrern für klug, intelligent und potenziell erfolgreich gehalten werden. Ist das der Fall, werden die Kinder automatisch diese Eigenschaften entwickeln. Hält man Kinder dagegen für dumm, schlecht und zum Misserfolg verdammt, werden sie gleichermaßen diese

Eigenschaften an den Tag legen und weniger Chancen auf Erfolg haben. Wenn wir uns selbst für ein Produkt von Versuch und Irrtum halten, entsteht ein negativer Pygmalion-Effekt. Wenn wir uns als das sehen, was wir eigentlich sind, nämlich ein Ergebnis von Versuch und Erfolg, verbessern sich die Chancen, dass wir in einer positiven synergetischen Spirale nach oben streben, und die innere Biochemie und Struktur unserer Gehirne verändern sich zu unserem Vorteil.

Das Red-Rum-Prinzip

Die Geschichte des Rennpferds Red Rum veranschaulicht eines der wichtigsten Erfolgsprinzipien des Gehirns: Beharrlichkeit.

Red Rum war ein kleines Pferd, das vor seiner ersten Teilnahme am „Grand National" kaum aufgefallen war. Der Grand National ist das anspruchsvollste und gefährlichste aller englischen Hindernisrennen, bei dem die oft bis zu 40 startenden Pferde viereinhalb Meilen zurücklegen und dabei über 30 hohe und gefährliche Zäune springen müssen. Bei vielen der Grand-National-Rennen schafften es bloß sieben Pferde ins Ziel, während die anderen scheiterten, verweigerten oder manchmal auch zu Tode stürzten.

Bei seinem ersten Grand National befand sich Red Rum, kleiner als die meisten anderen Pferde, anfangs im hinteren Teil des Feldes, kämpfte sich aber nach und nach zu den führenden Pferden vor. Zur allgemeinen Überraschung und zur Bestürzung der Buchmacher gewann der kleine Außenseiter schließlich mit einigem Vorsprung.

Gewinner des Grand National wiederholen ihren Erfolg äußerst selten, nicht zuletzt, da sie im folgenden Jahr mit einem Handikap in Form eines zusätzlichen Gewichts starten müssen. Auch stehen die Chancen, dass ein Pferd den Parcours zwei Mal vollständig absolviert, äußerst schlecht. Red Rum jedoch war ein außergewöhnliches Pferd, das dem National seinen Stempel aufdrückte. Er gewann zwei der vier Nationals, an denen er teilnahm, und kam bei den anderen beiden als Zweiter ins Ziel, trotz seines Alters und trotz seiner Handikaps. Rummy, wie er von seinen Fans liebevoll genannt wurde, war von einem Siegeswillen erfüllt, an den kein anderes Pferd herankam, und wurde schließlich eine Art Nationalheld. Auch nach seiner aktiven Zeit blieb Rummy ein Publikumsmagnet und nahm an zahlreichen Veranstaltungen teil, bei denen Spenden für Wohltätigkeitsinitiativen gesammelt wurden.

Red Rum war es gelungen, einen inneren Kern des Bewusstseins anzusprechen. Das Bewusstsein, dass eine der wunderbaren Eigenschaften des Gehirns und letztlich auch eine der großartigsten Eigenschaften eines Genies in der Fähigkeit besteht, beharrlich zu sein und sich weiter um Erfolg zu bemühen – egal wie die Chancen stehen, egal wie viele Rückschläge man erlebt und egal wie lange es dauert. Diese Eigenschaft der Intelligenz wird oft fälschlich als „Hartnäckigkeit“, „Starrsinn“, „Sturheit“ oder „Dickköpfigkeit“ bezeichnet. Diese Ausdrücke beziehen sich aber nur auf ihre negativen Aspekte, und sie treffen das wirkliche Wesen der Beharrlichkeit und ihre essenzielle Bedeutung für die Entfaltung unseres Intellekts nicht.

Thomas Edison, einer der schöpferischsten und vielseitigsten Denker überhaupt und ein Mensch, der uns in vielerlei Hinsicht half, „erleuchtet" zu werden, brachte diese Erkenntnis in einem prägnanten Ausspruch auf den Punkt: „Genie besteht zu einem Prozent aus Inspiration und zu 99 Prozent aus Transpiration." An der Beharrlichkeit, mit der Edison experimentierte und nach Lösungen suchte, besteht kein Zweifel.

Das Goethe-Prinzip

Während einer Afrikareise wurde einer der Autoren dieses Buches, Tony Buzan, eingeladen, in einer Radiosendung über die Entfaltung von Genie zu sprechen. Man warnte ihn vor seinem Gesprächspartner, einem früheren nationalen Sportidol in Großbritannien, der für seine Angriffslust und seine scharfen und bohrenden Fragen bekannt war. Zu Tonys Freude entwickelte sich das Interview jedoch zu einem der – im positiven Sinn – provozierendsten und tief schürfendsten Gespräche seines Lebens, das beide Beteiligten mit Begeisterung erfüllte. Was als halbstündige Sendung geplant war, entwickelte sich zu einem zweistündigen Marathon, der wie im Flug verging.

Das Gespräch war sowohl für den Moderator als auch für Tony ein außergewöhnliches Erlebnis, und sie unterhielten sich nach der Show darüber, wie es dazu kommen konnte. Sie fanden heraus, dass sich ihr bisheriger Werdegang in bemerkenswerter Weise ähnelte: Beide hatten sich für Sport interessiert, beide hatten die unterschiedlichsten Fächer an der Universität studiert, beide waren schließlich fasziniert vom Lernen und den Möglichkeiten, das Potenzial des Gehirns zu entfalten, und beide hatten insbesondere an ihren intellektuellen und kommunikativen Fähigkeiten gearbeitet, um ihre Ansichten klarer ausdrücken zu können.

Wenig später meinte ein Freund Tonys, beeindruckt von den begeisterten Reaktionen auf das Radioprogramm: „Was für ein Glück, dass ihr beide euch getroffen habt – ein glücklicher Zufall.“ Aber war das wirklich so? Wenn zwei intelligente Wesen so viel Zeit in ihrem Leben beinahe identischen Zielen gewidmet haben und einem ähnlichen Leitbild gefolgt sind, kann dann ihr Zusammentreffen einfach „Glück“ oder ein „Zufall“ gewesen sein? Musste da nicht etwas Bedeutungsvolleres mitgespielt haben, etwas, das eher der Fähigkeit aller „gleichartigen“ Lebewesen entspricht, auf zahllose Arten die Gegenwart des jeweils anderen zu „erspüren“?

Auf der Suche nach dem richtigen Wort, um seine Gedanken auszudrücken, erinnerte sich Tony an das, was Goethe einmal sinngemäß über Leitbild, Verpflichtung und Genie gesagt hat: dass diejenigen, die ihrer Überzeugung gemäß handeln und ohne zu zweifeln ihre Ideen in die Tat umsetzen, im Einklang mit der Vorsehung stehen. Tony entschied deshalb, dass sein Zusammentreffen mit dem Moderator kein glücklicher Zufall war, sondern auf der Wirkung des von ihm so getauften „Goethe-Prinzips“ beruhte.

Dieses Prinzip beschreibt die Vorstellung, dass die Menschen, denen man begegnet, und die Umstände, in denen man sich vorfindet, in einer unglaublich engen Beziehung zur Kraft des jeweiligen persönlichen Leitbilds stehen, zum Einsatz für dieses Leitbild, zur Beharrlichkeit, mit der man es verfolgt, zur richtigen Anwendung der Gehirnprinzipien und zu dem Maß, in dem man die übrigen charakteristischen Merkmale von Genie entwickelt hat. Wer ohne zu zögern damit beginnt, seine Ideen zu verwirklichen, erhält oft unerwartet Hilfe durch Personen oder Dinge, auf die er sonst vielleicht niemals aufmerksam geworden wäre.

Das Amadeus-Prinzip

Anfang der 90er-Jahre kamen Psychologen nach einer Analyse von Mozarts Briefen zu einer Erkenntnis, die ihnen selbst eher merkwürdig vorkam: Sie hatten „entdeckt“, dass Mozart, um in ihrem Jargon zu sprechen, „psychotisch positiv“ war. Sie wendeten diesen Ausdruck fälschlicherweise auf ihn an, da sie einen Brief an seine Frau gefunden hatten, in dem er ihr vom außergewöhnlichen Erfolg der Premiere einer seiner Opern berichtete. Mozart hatte darin offenbar freudig alle positiven Aspekte der Vorstellung beschrieben und erst am Ende erwähnt, dass sie nicht das Wohlwollen der Kritiker fand und das Publikum nur aus zehn Leuten bestand! Mozart begriff intuitiv, wie die meisten anderen großen Genies, dass es für sein schöpferisches Werk und seine musikalischen Kompositionen weit förderlicher war, sich auf herausragende Leistungen zu konzentrieren, als sich mit negativen Vorkommnissen aufzuhalten. Er war, entgegen der Annahme der Psychologen, in durchaus angemessener Weise positiv.

Zu seiner besonderen Ehre haben wir dieses Gehirnprinzip, eine Eigenschaft von Genies, als Amadeus-Prinzip benannt.

Der geniale Komponist Wolfgang Amadeus Mozart, hier abgebildet im Alter von 30 Jahren, entwickelte eine derart positive Einstellung zum Leben, dass wir das Amadeus-Prinzip nach ihm benannt haben.

Das VIE-Prinzip

Das „VIE-Prinzip“ steht für Verehrung, Inspiration und Emulation (Nacheifern). Dieses Prinzip verweist auf die immer wieder beobachtbare Tatsache, dass alle großen Genies über reale Gruppen von Mentoren und ebenso über nur in ihrer Vorstellung vorhandene Vorbilder und „Helden“ verfügten, von denen sie sich inspirieren ließen und denen sie nacheiferten, um ihre persönlichen Ziele zu erreichen.

Auf der Suche nach dem Genie in Ihnen selbst ist es wesentlich, dass Sie sich solche Vorbilder aussuchen. Eine der Hauptaufgaben dieses Buches ist, Sie dahin zu führen, dass Sie sich mit den Biografien und dem Werk der großen Genies der Vergangenheit und Gegenwart eingehend beschäftigen. Wählen Sie jene Genies aus, die Sie zu Ihren realen oder nur in der Vorstellung vorhandenen Mentoren machen möchten, und versuchen Sie, Ihr Leben nach dem Ihrer Vorbilder auszurichten.

Schritt für Schritt die Gehirnprinzipien umsetzen

- Suchen Sie ständig nach der synergetisch richtigen Formel für den Gebrauch Ihres Gehirns und überprüfen Sie sie fortwährend.

- Wenn Sie sich in einer negativen synergetischen Spirale befinden, denken Sie daran, dass Sie jederzeit aus diesem „schwarzen Loch" herauskommen können, indem Sie sich auf Ihr positives Leitbild konzentrieren.
- Immer dann, wenn Sie nahe daran sind aufzugeben, sollten Sie sich an Red Rum erinnern und weitermachen.
- Lassen Sie das Goethe-Prinzip bewusst zur Wirkung kommen.
- Praktizieren Sie das Amadeus-Prinzip.
- Entwickeln Sie Ihren eigenen Pygmalion-Effekt. Überprüfen Sie Bemerkungen, die Sie gegenüber anderen machen, und Ihre Selbstgespräche auf negative und positive Elemente. Betonen Sie das Positive!
- Wählen Sie zehn Menschen aus, die Sie zu Ihren Beratern, Ihrem persönlichen Expertenteam machen möchten. Wählen Sie ebenso zehn „innere" Mentoren, also beispielsweise Genies aus der Vergangenheit oder Gegenwart, die ein Expertenteam in Ihrer Vorstellung ergeben. Halten Sie mit beiden Gruppen regelmäßig „Besprechungen" ab.

6

GEDÄCHTNIS

Ein gutes Gedächtnis gibt uns die Freiheit, übernommenes Wissen umzugestalten, aber auch die schöpferische Kraft für neue Ideen.

RAYMOND KEENE

In Umfragen, die Tony Buzan und seine Mitarbeiter weltweit durchgeführt haben, werden Gedächtnisschwierigkeiten immer wieder als eines der Hauptprobleme genannt, mit denen zahlreiche Menschen konfrontiert sind. Die Gründe für derartige Schwierigkeiten haben jedoch nichts mit dem möglichen Umfang unseres Erinnerungsvermögens zu tun. Sie werden vielmehr dadurch verursacht, dass bei der gewohnten Art, in der wir unser Gedächtnis trainieren, jene Fertigkeiten verringert werden, die uns von Natur aus dabei unterstützen könnten, unsere Erinnerungsleistungen zu erhöhen. Doch wo liegen nun *wirklich* die Grenzen unseres Gedächtnispotenzials?

Ein Bericht von Alexander R. Lurija kann möglicherweise eine Antwort auf diese Frage geben. Lurija, Russlands bedeutendster Psychologe der zweiten Hälfte des 20. Jahrhunderts und ein Protegé von Pjotr Anokhin, beschreibt darin die bemerkenswerte Geschichte eines Mannes namens Schereschewski:

„In den 20er-Jahren, als ich gerade damit begonnen hatte, als Psychologe zu arbeiten, kam eines Tages ein Mann in mein Laboratorium und bat mich, sein Gedächtnis zu testen. Es handelte sich um den Zeitungsreporter Schereschewski, der auf einen Vorschlag seines Chefredakteurs hin zu mir gekommen war.

Bei der betreffenden Zeitung fand nämlich jeden Morgen eine Konferenz statt, bei welcher der Chefredakteur die täglichen Arbeitsaufgaben an seine Mitarbeiter verteilte. Dies tat er anhand von sehr umfangreichen Listen, die unter anderem enthielten, welche Orte besucht werden sollten und welche Art von Information dort erfragt werden sollte. Da der Chefredakteur bemerkt hatte, dass sich Schereschewski bei diesen Sitzungen niemals Notizen machte, stellte er ihn wegen seiner vermeintlichen Unaufmerksamkeit zur Rede. Dabei stellte sich heraus, dass Schereschewski die komplette Liste Wort für Wort wiederholen konnte.

Dies weckte die Neugier des Chefredakteurs und er fragte Schereschewski, wie ihm derartige Erinnerungsleistungen möglich seien. Doch der reagierte nur mit Erstaunen: Was denn ungewöhnlich daran sein solle, dass er sich an alles, was gesagt wurde, erinnern könne? Ob dies denn nicht bei anderen Leuten ebenso funktioniere? Die Vorstellung, dass er über spezielle Gedächtnisqualitäten verfügen könnte, die ihn von anderen unterscheiden, schien ihm unbegreiflich …

Als ich dann daranging, Schereschewski zu untersuchen, tat ich es mit jener Form von Neugierde, die Psychologen am Beginn eines Tests stets aufweisen, aber kaum in der Hoffnung, dass die Experimente irgendetwas von speziellem Interesse ergeben könnten.

Doch bereits die Ergebnisse des ersten Tests genügten, dass sich meine Einstellung vollkommen veränderte. Ich, der Untersuchende, war, gelinde gesagt, verblüfft, während der Untersuchte nach wie vor gelassen blieb.

… bald schon stand ich jedoch an der Schwelle zu völliger Verwirrung. Denn es zeigte sich, dass die Verlängerung einer Serie von Zahlen oder Worten, die erinnert werden sollten, zu keiner spürbaren Erhöhung des Schwierigkeitgrades für Schereschewski führte. Ich musste ganz einfach feststellen, dass die Kapazität seines Gedächtnisses *keine erkennbaren Grenzen hatte …*"

Die Experimente zeigten, dass er kein Problem damit hatte, eine Reihe beliebig ausgewählter Worte wiederzugeben, mochten diese Reihen auch noch so lang sein und selbst wenn sie ihm ursprünglich eine Woche, einen Monat, ein Jahr oder sogar viele Jahre zuvor präsentiert worden waren. Einige der Experimente zur Überprüfung seiner Merkfähigkeit wurden sogar, ohne dass er eine Vorwarnung erhalten hätte, 15 oder 16 Jahre nach den Treffen ausgeführt, bei denen er sich die Worte ursprünglich eingeprägt hatte.

Lurija kam insgesamt zu der Schlussfolgerung, dass Schereschewskis Gedächtnis nicht nur ganz außergewöhnlich, sondern einfach in jeder Hinsicht perfekt war.

Ein Bericht wie dieser könnte unglaubhaft erscheinen, doch inzwischen gibt es in zunehmendem Maß Belege in Bezug auf physische und kognitive Aspekte des Gehirns, die darauf hindeuten, dass das Gedächtnis von Natur aus Leistungen erbringen kann wie jene von Schereschewski und Magliabechi (siehe Seite 173).

Ein Beweis für die Befähigung des Gehirns zu außerordentlichen Erinnerungsleistungen sind auch die Rekorde von Dominic O'Brien, dem ersten Gedächtnisweltmeister, der 1994 auch mit der Auszeichnung „Brain of the Year" geehrt wurde. O'Brien ist beispielsweise in der Lage, sich einen Stapel von 52 gut gemischten Spielkarten innerhalb von rund 44 Sekunden einzuprägen und die Karten dann in der richtigen Reihenfolge wiederzugeben.

Der Gedächtnisweltmeister war nach seinen eigenen Worten ein schlechter Schüler und verfügte nur über ein relativ schwaches Gedächtnis. Nur durch den Erwerb von Wissen über die Funktionsweise des Gehirns, Fitnesstraining und Gedächtnisübungen ist er heute in der Lage, Erinnerungsleistungen zu vollbringen, die bei Psychologen Erstaunen auslösen. O'Brien ist ein Pionier auf seinem Gebiet und hat neue Wege für Gedächtnismeister und „Geistesathleten" aufgezeigt. Seine Leistungen sind mit jenen von Schereschewski vergleichbar.

Zwei einfache Gedankengänge können Ihnen beweisen, dass auch Ihr Gedächtnis über außerordentliche Qualitäten verfügt, unglaublich leistungsfähig ist und aller Wahrscheinlichkeit nach eine unbegrenzte Kapazität besitzt:

Der erste beginnt damit, dass Sie sich einmal vergegenwärtigen, wie viele Dateneinheiten (Worte, Zahlen, Vorstellungen oder Sinneseindrücke) Sie bereits in Ihrem Gedächtnis gespeichert haben. Das sind mit Sicherheit zahlreiche Quadrillionen an Informationen.

Denken Sie nun daran, was eigentlich alles geschieht, wenn Sie ein angeregtes Gespräch mit einem

Freund führen, ihm zuhören und alles verstehen, was er sagt. Tatsächlich finden Sie dabei ohne jede Vorwarnung nur auf Basis der Daten, die Ihnen in gigantischer Zahl zur Verfügung stehen, einen Zugang zu gesprochenen Lauten, die völlig zufällig entstehen. Diese Laute sind zudem niemals vollkommen mit irgendeinem der Geräusche identisch, die Sie jemals gehört haben. Daraus folgt, dass Ihr Gehirn fortlaufend Informationen bewerten, vergleichen und auswählen muss, und zwar in einem derartigen Ausmaß und in einem solchen Tempo, dass diese Leistung so ähnlich wie Red Rums Siege rein mathematisch unmöglich erscheint.

Trotzdem machen Sie all dies völlig problemlos und in einer gelassenen, natürlichen Weise. *Sie bemerken nicht einmal*, dass Sie während eines Gesprächs etwas vollbringen, das kein bekannter Computer auch nur im Entferntesten kopieren könnte. Und falls Sie detailgenau erklären könnten, was Sie dabei tun, würde Sie das zu einem der bekanntesten Wissenschaftler der Menschheitsgeschichte machen.

Die zweite Überlegung, die Ihnen die Möglichkeiten Ihres Gedächtnisses veranschaulichen soll, beschäftigt sich mit Radialem, „kreisförmig ausstrahlendem“ Denken, und sie ist eine Art Vorübung zu Mind Mapping®. Zeichnen Sie einen Kreis als Symbol für die Sonne in die Mitte eines Blatts Papier. Fügen Sie einige Linien hinzu, die wie Sonnenstrahlen von dem Kreis in der Mitte wegführen. Auf diese schreiben Sie all Ihre Assoziationen zu dem Wort „Sonne“. Wahrscheinlich werden das zwischen zehn und 40 Wörter sein.

Als Nächstes können Sie überlegen, ob Ihnen auch zu diesen Wörtern neue Assoziationen einfallen. Das wird gewiss möglich sein, und sicherlich wird Ihnen auch zu jedem der Wörter mehr als ein weiteres Wort einfallen. Fügen Sie diese Wörter nun ebenfalls hinzu, und zwar indem Sie sie auf weitere Linien schreiben, die Sie an die zuvor eingezeichneten „anhängen". Jetzt können Sie darüber nachdenken, ob Sie in der Lage sind, diesen Prozess nochmals fortzusetzen. Auch das ist Ihnen wiederum sicherlich möglich.

Wenn Sie Ihre Assoziationen zu etwas bilden, tun Sie in Wahrheit nichts anderes, als einen Zugang zu mehr Elementen Ihres „Datenspeichers" zu finden. Doch wie oft könnten Sie die beschriebene Vorgangsweise wiederholen? Ganz offensichtlich so oft Sie nur wollen. Anhand dieses einfachen Gedankengangs konnten Sie sich nun selbst beweisen, dass Sie theoretisch und in diesem Moment auch praktisch Zugriff auf eine unendlich große Menge an Daten haben und dass Sie die Kapazität besitzen, weitere unbegrenzte Quantitäten an Informationen hinzuzufügen.

Tipps zur Steigerung des Erinnerungsvermögens

Welches Geheimnis verbirgt sich eigentlich hinter den Fähigkeiten von Menschen wie Schereschewski oder O'Brien? Was ermöglicht ihnen, derart erstaunliche Erinnerungsleistungen zu vollbringen? Glücklicherweise sind diese Fragen relativ einfach zu beantworten. Ihr Gedächtnis funktioniert auf der Basis von drei Prinzipien:

- Assoziation
- Vorstellungsvermögen
- Ordnung und Struktur

Das Gedächtnis und Lernprozesse betreffend haben wir uns während der vergangenen Jahrhunderte auf Fähigkeiten konzentriert, die überwiegend von der linken Gehirnhälfte ausgeübt werden. Auf Fähigkeiten wie etwa jene, Tagträume entstehen zu lassen, innere Bilder zu schaffen, die Fantasie im Allgemeinen, sowie unser musikalisches und künstlerisches Potenzial wurde hingegen in den oben erwähnten Bereichen relativ wenig Wert gelegt. Dadurch haben wir jedoch eines der drei wesentlichen Elemente des Gedächtnisses nicht berücksichtigt und somit seine gesamte Struktur zerstört.

Um unser Erinnerungsvermögen wieder zu beleben, müssen wir jedoch alle kortikalen Fähigkeiten aktiv gebrauchen. Zudem sollten auch Leonardo da Vincis Überlegungen zum Gebrauch des Gedächtnisses berücksichtigt werden sowie die schon von den alten Griechen entwickelten Erinnerungstechniken. Diese Methoden werden Mnemonik oder Mnemotechniken genannt, eine Bezeichnung, die von Mnemosyne abgeleitet wurde, dem Namen der griechischen Göttin des Gedächtnisses. Darüber hinaus sollten wir auch unsere Fähigkeit zu Radialem Denken weiterentwickeln und uns die Technik des „Mind Mapping®“ aneignen, eine

Methode zur Anfertigung von „geistigen Landkarten“, die im Verlauf dieses Buches noch beschrieben werden wird (siehe Seiten 195 bis 205).

Leonardo da Vinci war nicht nur eines der größten Universalgenies, die jemals lebten, er war auch ein Meister darin, sein Gedächtnis effizient zu benutzen. Da Vinci bemerkte, dass der Durchschnittsmensch „schaut, ohne zu erkennen, hört, ohne zu verstehen, berüht, ohne zu erfühlen, isst, ohne zu schmecken, sich bewegt, ohne seinen Körper bewusst wahrzunehmen, einatmet, ohne Gerüche und Düfte zu registrieren, und spricht, ohne zu denken. Durch diese „sinnliche Blindheit“ wird das Gedächtnis von der Welt, die uns umgibt, abgeschnitten. Da die Assoziation jedoch einer der Stützpfeiler des Erinnerungsvermögens ist, neigen wir dazu, die Welt bzw. alle Erfahrungen, die wir in ihr gemacht haben, relativ rasch wieder zu vergessen.

Da Vincis Grundregel zur Stärkung des Gedächtnisses ist identisch mit dem Leitbild seines ganzen Lebens und besteht darin, danach zu streben, die Sinne weiterzuentwickeln. Im Falle des italienischen Genies war das Resultat eine außergewöhnliche Verfeinerung aller Sinne und ganz besonders des Sehvermögens. Um Ihre eigene Erinnerungsfähigkeit zu verbessern, sollten Sie versuchen, da Vincis Prinzipien zu befolgen. Lernen Sie, die Dinge wie ein Kind oder wie ein Künstler zu betrachten. Trachten Sie danach, wie ein Musiker zu hören, wie ein Dichter zu sprechen, sich wie eine Katze oder ein Tänzer zu bewegen, in der Art eines Jagdhundes Gerüche zu erkennen und zu essen und zu trinken, als wären Sie ein Starkoch.

Im Folgenden wollen wir Ihnen ein einfaches System von zwölf Maßnahmen zur Verbesserung Ihres Erinnerungsvermögens vorstellen, das von Tony Buzan und seiner Mitarbeiterin Vanda North entwickelt wurde, die selbst eine Gedächtnismeisterin von Weltrang ist. Die Methode erlaubt Ihnen, all Ihre kortikalen Fähigkeiten und all Ihre Sinne zu benutzen. Sie sorgt dafür, dass Sie bei Erinnerungsaufgaben Ihr Assoziationsvermögen ebenso einsetzen wie Ihre Vorstellungskraft und Ordnungsstrukturen.

Um die Methode selbst im Gedächtnis zu behalten, müssen Sie sich nur das Akronym „FARBENPRACHT", eine Zusammensetzung der Anfangsbuchstaben der einzelnen Tipps, merken. Ebenso wie ein farbenprächtiges Gemälde Ihre Sichtweise auf dessen Inhalt verändern kann, sollen Ihnen die von uns vorgeschlagenen Maßnahmen dabei helfen, die Möglichkeiten für Ihr Gedächtnis neu zu bestimmen und vor allem zu erweitern:

- Fantasie: Diese Fähigkeit ist einer der wesentlichen Stützpfeiler des Gedächtnisses. Je mehr sie verwendet wird, desto besser werden Ihre Erinnerungsleistungen sein. Einstein hat dieses Phänomen folgendermaßen beschrieben: „Das Vorstellungsvermögen ist wichtiger als das Wissen. Denn das Wissen ist begrenzt, die Fantasie umfasst jedoch das gesamte Universum. Sie bewirkt echten Fortschritt und ist der Ursprung aller wesentlichen Entwicklungen. Die Fantasie kann also auch der Ursprung für ein umfassenderes und besseres Gedächtnis sein."

- Alle Sinne einsetzen: Immer dann, wenn Sie sich etwas einprägen wollen, sollten Sie versuchen, da Vincis Empfehlungen zu befolgen. Verknüpfen Sie den Sachverhalt, den Sie behalten wollen, mit so vielen Sinneseindrücken wie nur möglich. Berücksichtigen Sie auch die Möglichkeit synästhetischer Assoziationen, also beispielsweise die Verknüpfung eines akustischen Eindrucks mit einer Farbvorstellung, die Sie dazu haben.
- Reihenfolge und Ordnung: Unterschiedliche Ordnungssysteme können in Verbindung mit Nummerierungen die Systematik Ihres geistigen Ablagesystems verbessern. Sie sollten Ihr Gedächtnis wie eine wohl geordnete Bibliothek gestalten und nicht wie einen ungeordneten Stapel von Notizzetteln.
- Bewegung: Wenn Sie einen Sachverhalt „in Bewegung" setzen, erhöht sich die Zahl an möglichen Bildern, die in Ihrem Gehirn zu der jeweiligen Information entstehen können. Deshalb erhöht sich auch die Wahrscheinlichkeit, diese dauerhaft im Gedächtnis zu behalten.
- Erotik: Auf dem Gebiet der Erotik und der Sexualität hat jeder von uns ein hervorragendes Gedächtnis. Nutzen Sie dieses Potenzial bei Ihren Bemühungen, sich etwas zu merken.
- Nummerierungen: Zahlen ermöglichen Ihnen, Ordnungsstrukturen zu schaffen. Durch Nummerierungen können Sie Sachverhalte in der unbegrenzt großen Datenbank Ihres Gedächtnisses so „ablegen", dass Sie auch leicht wieder auf diese Informationen zugreifen und sie problemlos wiedergeben können.

- Positives Denken: Wenn Ihre gesamte Einstellung positiv ist, sind auch Ihr Gehirn und Ihre Sinne offener für die Welt, die uns umgibt, und das gesamte Universum. In diesem Zustand der Offenheit werden Ihre grauen Zellen besser funktionieren, und dies wird es Ihnen auch erlauben, Sinneseindrücke deutlicher und unmittelbarer wahrzunehmen. Sie erweitern sozusagen auf biologischer Ebene die Kapazität Ihres Gedächtnisses.
- Reichtum an Farben: Notizen, die Sie von vornherein farbig ausgeführt haben oder mit Leuchtstiften eingefärbt haben, sind leichter erinnerbar als einfarbige, monoton und „langweilig" gestaltete Notizen, ebenso wie ein farbiges Leben einprägsamer ist als ein eintöniges Leben. Der Gebrauch von Farben in jeder Form kann Ihr Gedächtnis anregen.
- Assoziation: Die grundlegende Funktionsweise Ihres Erinnerungsvermögens besteht im Verknüpfen und Kombinieren von Dingen. Bei jedem Gedanken, der Ihnen in den Sinn kommt, werden Sie feststellen können, dass von Ihrem Gehirn fast augenblicklich weitere Assoziationen hinzugefügt werden – ganz ähnlich, wie Sie es bereits mit dem Wort „Sonne" geübt haben. Gedächtnistechniken funktionieren dann besonders gut, wenn Sie Dinge, die Sie sich merken wollen, mit Sachverhalten verknüpfen, die Ihnen bereits bekannt sind. Dadurch entsteht ein neues, erweitertes Bild, das so aussagekräftig ist, dass Sie sich auch tatsächlich daran erinnern werden.
- Codes: Besonders markante, bildhafte und farbige Symbole als „Codes" für Sachverhalte zu verwen-

den, die Sie sich merken wollen, stärken Ihr Vermögen, dies auch tatsächlich zu tun.

- Humor: Gestalten Sie Ihre Gedächtnisinhalte mit Witz. Humor sorgt für mehr Bilder und Bewegung, wodurch wiederum die Behaltenswahrscheinlichkeit erhöht wird.
- Tiefere Eindrücke: Wenn Sie versuchen, sich etwas zu merken, das scheinbar besonders schwierig zu behalten ist, dann können Sie das Instrument der Übertreibung einsetzen. Gestalten Sie den Sachverhalt in Ihrer Vorstellung gigantisch groß, malen Sie ihn farbenprächtig aus, beschleunigen oder verlangsamen Sie seine Bewegung. Dadurch wird die zu erinnernde Information in Ihrem Gehirn einen „tieferen“ Eindruck hinterlassen. In der Folge wird es Ihnen deshalb auch leichter fallen, diesen Sachverhalt wiederzugeben.

Das von uns beschriebene „FARBENPRACHT“-System ermöglicht einen Zugang zum Gedächtnis, der jenem ähnlich ist, der Schereschewski von Natur aus zur Verfügung stand und den sich Dominic O'Brien durch ein tägliches intensives Übungsprogramm für sein Gehirn verschafft. Es ist ein System, das auch von allen anderen Weltmeistern auf mentalem Gebiet in einer auf ihre persönlichen Bedürfnisse zugeschnittenen Form verwendet wird. Dazu zählen beispielsweise Hideaki Tomoyori aus Japan, dem es gelang, sich rund 40.000 Stellen der Zahl π einzuprägen und diese innerhalb von 17 Stunden wiederzugeben, oder Sean Adam aus den USA, der mit 3850 Worten pro Minute den Weltrekord im Schnelllesen hält. Dies sind erstaunliche mentale Leistungen, die jedoch durch Anwendung der richtigen Techniken relativ leicht erzielt werden können.

Wenn Sie Ihr eigenes Gedächtnis in der von uns beschriebenen Weise entwickeln, erweitern Sie dadurch gleichzeitig all Ihre anderen geistigen Möglichkeiten. Sie werden also auch Ihre Intelligenz, Ihre Lesegeschwindigkeit, Ihre Fähigkeiten, Notizen anzufertigen, Ihre Denkprozesse im Allgemeinen, Ihr kreatives und innovatives Denken, Ihre Fähigkeit, sich Ihre Zukunftsziele bildhaft vor Augen zu führen, Ihren Humor, Ihr Kommunikationsvermögen und Ihr gesamtes mentales Potenzial verbessern. Vergessen Sie also keinesfalls, Ihr Gedächtnis weiterzuentwickeln!

Schritt für Schritt zu einem besseren Gedächtnis

- Beginnen Sie mit Ihrem persönlichen Programm zur Weiterentwicklung Ihres Gedächtnisses.
- Machen Sie es sich zur Gewohnheit, Ihre Fähigkeit zur Sinneswahrnehmung täglich zu erweitern.
- Benutzen und vergrößern Sie Ihr Vorstellungsvermögen.
- Geben Sie Ihrem Sinn für Humor mehr Freiraum.
- Wenden Sie stets die „FARBENPRACHT“-Methode an, wenn Sie sich etwas einprägen wollen.

- Studieren Sie die Gewohnheiten von Menschen mit hervorragendem Gedächtnis und lernen Sie von ihnen.
- Arbeiten Sie an Ihren Fähigkeiten, „radial" zu denken und Mind Mapping® (siehe Seite 195) anzuwenden. Verwenden Sie Mind Maps®, damit Sie im Alltag die wirklich wichtigen Dinge in Ihrem Leben nicht vergessen.
- Versuchen Sie, selbst mentale Meisterleistungen oder sogar Weltrekorde zu vollbringen.
- Entwickeln Sie Ihr Assoziationsvermögen weiter. Als Übung für sich selbst können Sie immer wieder spielerisch Dinge mit anderen Dingen verknüpfen, und zwar in bildreicher und witziger Weise. Dieses Spiel macht noch mehr Spaß, wenn Sie es mit einer Gruppe von Freunden ausführen.
- Erinnern Sie sich daran, sich zu erinnern!

Üben Sie, ein Gedicht zu memorieren

Wie Sie durch Anwendung von bildhaftem, „farbenprächtigem" Denken Ihre Erinnerungsleistungen verbessern können, zeigt auch das folgende Praxisbeispiel, das wir von dem deutschen Hochschulprofessor und Gedächtnistrainer Wolfram Stanek übernommen haben, der es in Einführungsseminaren für Mnemotechniken verwendet. Die Übungsaufgabe besteht darin, zu versuchen, sich das Gedicht innerhalb von zwei Minuten zu merken. Halten Sie eine Uhr bereit, und beginnen Sie jetzt damit, das Gedicht auswendig zu lernen:

„SELBSTKRITIK“

von WILHELM BUSCH (1832–1908)

Die Selbstkritik hat viel für sich.
Gesetzt den Fall, ich tadle mich;

So hab ich erstens den Gewinn,
Dass ich so hübsch bescheiden bin;

Zum Zweiten denken sich die Leut,
Der Mann ist lauter Redlichkeit;

Auch schnapp ich drittens diesen Bissen,
Vorweg den andern Kritiküssen;

Und viertens hoff ich außerdem,
Auf Widerspruch, der mir genehm.

So kommt es denn zuletzt heraus,
Dass ich ein ganz famoses Haus.

Machen Sie nach dem Memorieren des Gedichts eine kurze Pause, und überprüfen Sie dann, ob Sie in der Lage sind, das ganze Gedicht oder Teile davon aus der Erinnerung wiederzugeben. Falls Sie sich nur wenige Zeilen merken konnten, ist dies kein Grund zur Sorge. Denn in den Gedächtnisseminaren von Stanek ist in aller Regel keiner der Teilnehmer aus verschiedensten

Berufsgruppen dazu fähig, sich das ganze Gedicht innerhalb von zwei Minuten ohne Anwendung von bildhaftem Denken und dem Einsatz aller Sinne einzuprägen.

Eine den Grundlagen der Mnemotechnik entsprechende Umsetzung des Inhaltes des Gedichts könnte ungefähr folgendermaßen aussehen:

- Stellen Sie sich einen Busch vor, der sich einen „Wilhelm“ aufsetzt und dann mit dem Fuß gegen die Nummern-Tastatur eines Telefons kickt, und zwar die Zahlen 1, 8, 3, 2 und dann 1, 9, 0, 8.
- Das Verbildlichen und „In-Bewegungsetzen“ der ersten Gedichtzeile könnte dann beispielsweise folgendermaßen geschehen: Stellen Sie sich einen Mann vor, der sich mit einer Hand selbstkritisch die Haare rauft und in der anderen eine Schale mit vielen Pfirsichen („viel für sich“) hält = Die Selbstkritik hat viel für sich.
- Als Nächstes können Sie sich vorstellen, dass sich dieser Mann niedersetzt und sich selbst mit einem überdimensional großen Finger tadelt = Gesetzt den Fall, ich tadle mich;
- Anschließend können Sie das geistige Bild, dass dieser Mann nun sehr viel Geld bekommt, mit einer großen „1“ verbinden = so hab ich erstens den Gewinn, …
- Nach diesem Muster können Sie nun auch die weiteren Zeilen des Gedichtes in Bilder und Bewegung umsetzen und dabei Ihrer Fantasie freien Lauf lassen.

Wenn derartige Mnemotechniken eingesetzt werden, beherrschen durchschnittlich zehn Prozent von Staneks Seminarteilnehmern das Busch-Gedicht nach einer Minute, 30 Prozent können es nach zwei Minuten wiedergeben, 40 Prozent nach drei Minuten und 20 Prozent nach vier Minuten. Ein erstaunlicher Beweis dafür, wie durch Einsatz aller Fähigkeiten des Gehirns und aller Sinne Intelligenzleistungen rasch verbessert werden können. Elaboriertere Gedächtnistechniken, wie sie Stanek unterrichtet, umfassen im Weiteren auch die Anwendung von so genannten Ortssystemen zur Strukturierung von Gedächtnisinhalten. Nähere Erklärungen dazu finden Sie in Sachbüchern, deren zentrales Thema Mnemotechniken sind.

7

Kreativität

Zu erkennen, dass kein besonderer Vorteil darin liegt, die Dinge so zu tun, wie sie schon immer gemacht wurden, kann schon kreatives Denken bedeuten.

Rudolf Flesch, Philosoph

Kreativität ist für Ihr Überleben ebenso notwendig wie die Atmung. Sie erlaubt Ihnen, flexibel und erfinderisch auf Probleme jeder Art zu reagieren. Sie ermöglicht Ihnen Humor, Spontanität und Entspannung, wenn der Stress zu groß wird. Kreativität ist jene „unerschöpfliche" Quelle, von der alle großen Genies trinken.

Üblicherweise wird sie als ein seltenes Gottesgeschenk betrachtet, das nur jenen vom Schicksal auserkorenen Künstlern, Schriftstellern und Musikern gegeben wird, die unter 100 Millionen Menschen vielleicht einmal zu finden sind. Doch nichts könnte von der Wahrheit weiter entfernt sein. Tatsächlich handelt es sich dabei um eine Fähigkeit, die jedem menschlichen Gehirn von Natur aus zur Verfügung steht. Ebenso wie andere Kompetenzen kann sie durch Übung sowie die Anwendung geeigneter Methoden gefördert und weiterentwickelt werden.

Was ist Kreativität?

Auf ihrer Suche nach dem „Heiligen Gral der Kreativität“ geben die meisten Denker und Schriftsteller nur relativ vage Beschreibungen, was das Besondere an den Persönlichkeiten von kreativen Genies ausmachen soll. So heißt es etwa immer wieder, dass sie tendenziell Ikonoklasten seien, eine besonders ausgeprägte Toleranz gegenüber Widersprüchen und Doppeldeutigkeiten hätten und Interesse an nicht miteinander zusammenhängenden Wissensgebieten zeigten. (Doch wie könnte es irgendein Wissensgebiet geben, das nicht in irgendeiner Form mit anderen zusammenhinge?) Relativ weit verbreitet ist auch die Vorstellung, dass kreative Menschen zerstreut, unordentlich und schlecht organisiert seien, von schlampigem Äußeren sowie insgesamt etwas absonderlich.

Diese Annahmen darüber, wie ein kreatives Genie „aussieht“, sind oberflächlich und treffen in aller Regel nicht zu. Sie enthalten bestenfalls „ein Körnchen“ Wahrheit. Was es mit der Kreativität tatsächlich auf sich hat, werden Sie besser erkennen können, nachdem Sie die folgende Checkliste durchgearbeitet haben, mit der Sie Ihr eigenes schöpferisches Potenzial bewerten können.

Checkliste zur Bewertung Ihrer Kreativität

Bewerten Sie sich selbst mit einer Zahl zwischen 0 und 100. Geben Sie sich 0, wenn eine Aussage auf Sie überhaupt nicht zutrifft, und 100, falls Sie durch die jeweilige Aussage perfekt beschrieben werden und in dem entsprechenden Bereich über außerordenliche Fähigkeiten verfügen.

1. Ich bin jederzeit spontan dazu in der Lage, einzigartige neue Ideen mit übernommenen Vorstellungen zu verbinden.
2. Ich gestalte die meisten Aspekte meines kreativen Denkens in zahlreichen unterschiedlichen Farben.
3. Ich entwickle während meiner kreativen Denkprozesse Konzepte unterschiedlichster Struktur und Form.
4. Es fällt mir leicht, Dinge miteinander zu kombinieren, die üblicherweise nicht als zusammengehörig erlebt werden.
5. Ich bin dazu in der Lage, Objekte und Strukturen in meiner Vorstellung überdimensional zu vergrößern oder zu verkleinern.
6. Ich bin jederzeit dazu in der Lage, meine geistigen Konzepte auch wieder zu verändern und den Gegebenheiten anzupassen.
7. Es macht mir immer wieder Vergnügen, bereits vorhandene Konzepte „auf den Kopf zu stellen“ und in sich neu anzuordnen.
8. Ebenso stelle ich gern neue Bezüge zwischen mehreren bereits vorhanden Konzepten her.
9. Für mich ist es ganz natürlich, in künstlerischer Form auf Dinge zu reagieren, die mir gefallen.
10. Es entspricht auch meinem Wesen, meine Emotionen zum Ausdruck zu bringen, sobald ich Dingen gegenüberstehe, die sie wecken.
11. Ich bin für alle Sinnesreize gleichermaßen gut empfänglich, egal ob ein Objekt meine Sehwahr-

nehmung, mein Gehör, meinen Geruchs-, Geschmacks-, Tast- oder Bewegungssinn anspricht.

12. Es fällt mir leicht und ich habe Spaß daran, Dingen unterschiedlichste Formen zu geben oder verschiedenste Symbole für sie zu finden.

Die einzelnen oben erwähnten Aussagen beziehen sich jeweils auf eine jener zwölf mentalen Fähigkeiten, die hauptsächlich dafür notwendig sind, Kreativität in vollem Ausmaß zu entwickeln. Über diese kreativen Fähigkeiten haben fast ausnahmslos auch die über 100 Genies verfügt, deren Leben wir während der Recherchen für dieses Buch untersucht haben. Jede dieser Fähigkeiten kann auch ohne weiteres „trainiert" werden.

Bei genauerer Betrachtung zeigt sich, dass Menschen, die diese kreativen Fähigkeiten besitzen, notwendigerweise völlig neue Wege des Denkens beschreiten. Das erklärt auch, weshalb kreative Genies von solchen Menschen, die ihre kreativen Fähigkeiten nicht entwickelt haben und auch nicht wissen, dass sie diese trainieren können, oft in oberflächlicher Weise als „merkwürdig" oder irgendwie „anders" beschrieben werden. Kreative Genies sind tatsächlich „anders", aber im besten Sinne des Wortes. Sie weichen insofern von der Norm ab, als sie Dinge aus ganz anderen, neuartigen Perspektiven sehen, die sich durchschnittlichen Denkern nicht eröffnen.

Das Echo von Archimedes Ausruf „Heureka! „Ich habe es gefunden", erreichte auch all die anderen Genies der Vergangenheit. Denn diese Worte sind die adäquate Ausdrucksform für diejenigen, die über die gängigen Normen hinausgegangen sind und dadurch erst jene Erkenntnisse gewinnen konnten, welche die Weiterentwicklung unserer Intelligenz ermöglichten. Für den Psychologen Dean Keith Simonton von der University of California in Davis besteht die besondere Fähigkeit von kreativen Genies darin, dass sie „mentale Elemente wie etwa Bilder, Wortfolgen, Erinnerungen, Geräusche, Reime, abstrakte Konzepte und Sinneseindrücke untereinander austauschen können. Je offener der Geist eines Individuums ist, desto eher ist seine natürliche Intelligenz in der Lage, das Gehirn mit sehr vielen derartigen Elementen zu füllen (das Erinnerungsvermögen unterstützt hier wiederum die Kreativität).

Simonton verwendet das Bild eines Kindes, das mit Legosteinen spielt, um zu erklären, nach welchem Muster ein in hohem Ausmaß kreativer Mensch agiert. Man könnte sagen, dass kreative Erwachsene sozusagen sehr viele Legosteine zur Verfügung und deshalb auch gute Chancen haben, neue Kombinationen von Ideen, Bildern oder Symbolen zu finden, die letztlich ein Meisterwerk ergeben. Jemand, der sich dafür entschieden hat, seine natürlichen geistigen Fähigkeiten nicht weiterzuentwickeln, hätte dann nur vergleichsweise wenige Legosteine zur Verfügung.

Ein kreatives Genie tendiert auch dazu, die Wahrnehmungen seiner verschiedenen Sinne untereinander auszutauschen. Es ist kein Zufall, dass alle Menschen, welche die Anwendung von Mnemotechniken gut beherrschen, exakt dasselbe tun. Picasso hat jede Form seiner Sinneswahrnehmung so weit entwickelt, dass er beispielsweise Zahlen als Muster sah und nicht als Symbole von Quantitäten: die Zahl Zwei war für ihn etwa „der Flügel eines Vogels“ und die Zahl Null „ein Auge“.

Alexander Fleming, der Entdecker des Penicillins, malte mit Mikroorganismen! Er setzte Bakterienkulturen an, jede davon in einer anderen Farbe, malte sie auf eine Petri-Schale und wartete dann ab, bis sie zu Bildern heranwuchsen. Ein weiteres Beispiel ist der französische Komponist Oliver Messiaen, der berichtete, er könne die „Farbe eines Tons“ sehen.

Die Zusammenhänge zwischen Kreativität und Gedächtnis

Vergleichen Sie die 12 Charakteristika kreativen geistigen Verhaltens mit den einzelnen Prinzipien zur Verbesserung des Erinnerungsvermögens, die in dem Akronym „FARBENPRACHT“ zusammengefasst sind. Sie werden feststellen, dass sie im Grunde genommen übereinstimmen. Im Gegensatz zu manchen gängigen Theorien deutet dies darauf hin, dass das Gedächtnis und die Kreativität Teile desselben Möbiusbandes sind.

Ein wesentlicher Unterschied besteht nur darin, dass die Techniken zur Verbesserung des Gedächtnisses vom Gehirn dazu benutzt werden, die Vergangenheit in der Gegenwart wieder zu erschaffen. Bei kreativen Denkprozessen benutzt das Gehirn genau dieselben Elemente, um eine „Erinnerung der Gegenwart“ in die Zukunft zu projizieren und sie zu einer möglichen Realität werden zu lassen.

Der Prozess des kreativen Denkens ist auch insofern mit bestimmten Mnemotechniken identisch, als er wie diese beinhaltet, dass ein Element (a) mit einem Element (b) kombiniert wird, um ein kreatives und einprägsames Bild zu erzeugen. Newton kombinierte einen Apfel (a) mit einem Kopf (b), um die Schwerkraft (c) zu erkennen. Archimedes kombinierte steigendes Wasser (a) mit der Masse seines Körpers (b), um eine neue Theorie zur Messung des Volumens (c) entstehen zu lassen.

Eine Mind Map® (siehe Seite 195) ist ein Instrument für Notizen eigener Gedanken und Mitschriften der Gedanken anderer sowie zur Unterstützung von Denkprozessen, das die Elemente von Gedächtnis und Kreativität kombiniert. Zur Weiterentwicklung Ihrer Kreativität ist es sehr empfehlenswert, diese „radiale“ Denktechnik zu erlernen.

Zusammenfassung

Die kreativen Genies dieser Welt waren diejenigen, die sich der Tatsache bewusst waren, dass sie die unbegrenzten kreativen Energien ihres Geistes freisetzen konnten, indem sie all ihre kortikalen Fähigkeiten benutzten. Sie benutzten und entwickelten all ihre Sinne, sie erweiterten ihr Wissen, ihre Kenntnisse des mentalen Alphabets und ihre Kreativität durch die Anwendung der zwölf kreativen Fähigkeiten. Sie können Ihr eigenes Genie entfalten, indem Sie diesen Vorbildern folgen.

Schritt für Schritt zu mehr Kreativität

- Beginnen Sie mit Ihrem persönlichen Programm zur Weiterentwicklung Ihrer Kreativität.
- Schaffen Sie sich Ihre eigene Zone kreativen Denkens.
- Üben Sie sich darin, Ihre eigenen Gewohnheiten in den Bereichen Bekleidung, Persönlichkeit und Verhaltensweisen zu verändern.
- Nehmen Sie sich Zeit dafür, mit Kindern zu spielen und mit dem Kind in sich selbst.
- Entwickeln Sie ihre Fähigkeit, „radial" zu denken.
- Machen Sie es zu einer Gewohnheit, Mind Maps® zur Unterstützung Ihres Gedächtnisses und Ihres kreativen und innovativen Denkens zu verwenden.
- Nehmen Sie sich jene Genies zum Vorbild, die Ihrer Ansicht nach besonders kreative Leistungen vollbracht haben.
- Lesen Sie Bücher aus unterschiedlichsten Gebieten, und erwerben Sie vielfältiges Wissen.
- Schließen Sie Freundschaften mit Menschen aller Altersstufen.
- Treffen Sie sich mit verschiedensten Menschen; entdecken Sie andere Kulturen.
- Arbeiten Sie daran, Lösungen für die „großen" Probleme zu finden.

- Entwickeln Sie Ihren Sinn für Humor weiter. Dadurch können Sie auch Ihre Fähigkeit vergrößern, Doppeldeutigkeiten zu akzeptieren und mit Widersprüchen zu leben.
- Beginnen Sie, Gedichte zu schreiben (oder fahren Sie damit fort).
- Fördern Sie all Ihre künstlerischen Fähigkeiten.

8

SCHNELLLESEN

Lesen ist Gymnastik für den Geist.

SIR RICHARD STEELE (1672–1729), ESSAYIST UND POLITIKER

Das bemerkenswerte visuelle Instrument, das Ihnen mit Ihren Augen zur Verfügung steht, ist in Zusammenarbeit mit ihrem Super-Biocomputer, dem Gehirn, zu einer großen Bandbreite von Lesegeschwindigkeiten und Verstehens- und Gedächtnisleistungen fähig. Wir wissen, dass Thomas Jefferson, John Stuart Mill und John F. Kennedy Bücher geradezu verschlangen und offenbar rund 1000 Wörter pro Minute lesen konnten. Im Vergleich zum phänomenalsten Beispiel der Leistungsfähigkeit, der Kombination von Augen und Gehirn, erscheinen jedoch selbst diese Geschwindigkeiten als langsam.

Wie der Fruchthändler Magliabechi zur Bibliothek wurde

Antonio di Marco Magliabechi war ein Zeitgenosse von Spinoza, Sir Christopher Wren, Sir Isaac Newton und Leibniz. Er wurde am 29. Oktober 1633 in

Florenz geboren, einer Stadt, in der auch Leonardo da Vinci wirkte. Seine Eltern waren zu arm, um ihm eine schulische Ausbildung zu ermöglichen, und so begann er als Heranwachsender eine Lehre bei einem Fruchthändler. Hatte Magliabechi einmal im Geschäft nichts zu tun, versuchte er zu entziffern, was auf den Blättern und Zeitungen stand, in welche die Waren eingewickelt wurden.

Fakten über Ihre Augen

- Ein Auge enthält 130 Millionen Lichtrezeptoren. Jeder dieser Rezeptoren kann mindestens fünf Photonen (Lichtquanten) pro Sekunde absorbieren.
- Ihre Augen können mehr als eine Million verschiedene Farben erkennen.
- Das Forschungszentrum CERN in der Schweiz hat geschätzt, dass zur Konstruktion einer Maschine, welche dieselbe Leistungsfähigkeit wie unsere unglaublich hoch entwickelten Augen aufweisen würde, Bestandteile mit Gesamtkosten von rund 68 Millionen US-Dollar nötig wären. Dieses „mechanische Auge" wäre so groß wie ein kleines Haus!

Einer der Stammkunden des Geschäfts war ein örtlicher Buchhändler, dem auffiel, wie der junge Mann versuchte, die seltsamen Hieroglyphen vor ihm zu entziffern. Der Buchhändler nahm ihn mit in sein Geschäft und stellte zu seinem Erstaunen fest, dass Magliabechi alle Bücher, mit denen er sich bloß kurz vertraut gemacht hatte, fast sofort wieder erkennen, sich an sie erinnern und sie identifizieren konnte. Mit Hilfe des Buchhändlers erlernte Magliabechi schließlich das Lesen und begann, seine neue Fähigkeit mit phänomenalen, von ihm entwickelten Erinnerungstechniken zu kombinieren. Dies ermöglichte ihm, sich fast alles Gelesene vollständig (einschließlich der Satzzeichen) zu merken.

Ein skeptischer Schriftsteller beschloss, die wachsende Reputation, die sich der Bursche für sein Schnelllesen und seine Gedächtnisleistungen erwarb, auf die Probe zu stellen. Er gab Magliabechi ein neues Manuskript, das dieser in keinem Fall zuvor bereits gesehen haben konnte, und sagte ihm, er solle es zu seinem Vergnügen lesen. Wenig danach gab der Schritftsteller vor, das Manuskript verloren zu haben, und fragte Magliabechi, ob er ihm helfen könnte, sich einiges davon in Erinnerung zu rufen. Zu seiner Überraschung schrieb ihm der junge Mann das gesamte Buch auf, wobei er jedes einzelne Wort und jedes Satzzeichen perfekt wiedergab, als ob er vom Original abgeschrieben hätte.

Mit der Zeit las Magliabechi immer schneller und schneller und merkte sich den Inhalt einer immer größeren Zahl von Büchern. Schließlich machte ihn die Geschwindigkeit, mit der er Wissen verschlang und im Gedächtnis behielt, dermaßen berühmt, dass Experten aller Fachbereiche bei ihm Erkundigungen einholten und sich nach Quellenmaterial in ihren Interessensgebieten erkundigten. Fragen beantwortete er stets durch wörtliche Zitate aus den von ihm gelesenen und automatisch im Gedächtnis behaltenen Büchern.

Mit seinem Ansehen wuchs auch sein Reichtum, und der Großherzog der Toskana machte ihn schließlich zu seinem persönlichen Bibliothekar. Vor die Aufgabe gestellt, den Lesestoff einer ganzen Bibliothek in den Griff zu bekommen, beschloss Magliabechi, seine Schnelllesefähigkeit weiterzuentwickeln, und brachte es dabei offenbar zu einer nahezu übermenschlichen Fertigkeit. Zeitgenossen berichten, dass er in der Lage war, sich kurz mit einer Seite zu befassen, bloß einen oder zwei Blicke darauf zu werfen und sich dabei den gesamten Inhalt zu merken, zur großen Verblüffung jener, denen er gestattete, ihm zuzusehen. Man erzählte sich, dass er den gesamten Bibliotheksbestand gelesen und im Gedächtnis behalten habe!

Wie die meisten Genies perfektionierte Magliabechi seine Fähigkeiten mit zunehmendem Alter. Je mehr Texte er durch Schnelllesen aufnahm, desto rascher konnte er lesen und desto mehr davon behielt er im Gedächtnis. Den Berichten zufolge verbrachte er in höherem Alter den Tag im Bett, umgeben von Bänden, die er in weniger als einer halben Stunde verschlang und seinem Gedächtnis hinzufügte, so lange, bis er einschlief. Diese Gewohnheit behielt er bis zu seinem Tod bei. Magliabechi starb 1714 im Alter von 81 Jahren.

Wenn Magliabechis Augen-Gehirn-System zu solch unglaublichen Lese- und Gedächtnisleistungen imstande war, warum kriechen dann wir gewöhnliche Sterbliche mit Geschwindigkeiten dahin, die uns als funktionelle Analphabeten erscheinen lassen? Der Grund dafür scheint nicht darin zu bestehen, dass wir nicht über die grundlegenden dafür notwendigen Fähigkeiten verfügten, sondern in dem Umstand, dass wir aktiv und unabsichtlich geübt haben, langsam zu werden. Wir haben sozusagen Ansichten, Lesepraktiken und Gewohnheiten entwickelt, die unsere Fähigkeit, beliebig rasch zu lesen und das Gelesene in angemessenem Ausmaß zu verstehen, einer synergetischen Selbstzerstörung aussetzen.

Falsche Ansichten über das Lesen

Die folgenden Ansichten über das Lesen sind allgemein anerkannt und werden weltweit in den meisten Schulen verbreitet. Jede einzelne dieser Annahmen ist nachweislich und in bedenklicher Weise falsch, wie im Rest dieses Kapitels gezeigt wird. Versuchen Sie beim Lesen dieser Aussagen jeweils festzustellen, ob man Ihnen beigebracht hat und/oder ob Sie glauben, dass sie einem angemessenen, „richtigen“ Leseverhalten entsprechen.

- Um gut zu lesen, muss man „langsam und sorgfältig“ lesen.
- Man sollte stets ein Wort nach dem anderen lesen.
- Man sollte alles Gelesene zu 100 Prozent verstehen.
- Man sollte sich alles Gelesene zu 100 Prozent merken.
- Man sollte beim Lesen nicht innerlich (für sich selbst) mitsprechen.
- Das Auge folgt beim Lesen dem Verlauf der Zeilen.
- Wenn man etwas überliest, sollte man wieder zurückspringen, damit man es auch wirklich versteht.
- Kinder sollten nicht mit dem Finger lesen, da sie dadurch langsamer werden.
- Man sollte erst weiterlesen, wenn man alles zuvor Gelesene wirklich verstanden hat.

- Man sollte sich Seite für Seite durch ein Buch arbeiten und das Ende erst lesen, wenn man soweit ist.
- Man sollte keine Wörter überspringen.
- Man sollte wichtige Einzelheiten sofort notieren, wenn man sie gelesen hat.
- Wie motiviert man beim Lesen ist, wirkt sich nicht auf die Lesegeschwindigkeit aus.
- Anmerkungen sollten in Form von Sätzen oder Listen angelegt werden und immer „sauber und ordentlich" sein.
- Man sollte die Bedeutung von Wörtern, die man nicht versteht, sofort nachschlagen.
- Je rascher man liest, desto weniger versteht man.
- Es ist unnatürlich, schnell zu lesen.
- Man kann dem Text nicht die gebührende Aufmerksamkeit schenken, wenn man ihn schnell liest.
- Man kann nur lesen und verstehen, worauf sich die Augen unmittelbar konzentrieren.

Jede einzelne dieser Aussagen ist falsch. Wenn Sie irgendeiner dieser Aussagen zustimmen, dann ändern Sie Ihre Ansicht sofort. Getreu der Formel für synergetische Selbstzerstörung sorgen diese Anweisungen bloß dafür, dass Sie ständig langsamer werden, Ihr Erinnerungsvermögen weiter abnimmt und sowohl Ihre Konzentrationsfähigkeit als auch Ihr Selbstvertrauen dauerhaft und in höchst unproduktiver Weise beeinträchtigt werden.

Was beim Lesen tatsächlich passiert, ist relativ komplex, lässt sich aber dennoch leicht verständlich darstellen und in praktische Verbesserungen der Lesefähigkeiten umsetzen. Der verbleibende Teil dieses Kapitels ist der Berichtigung der Mythen über das Lesen gewidmet und soll Ihnen erklären, wie Ihre Augen und Ihr Gehirn beim Lesen wirklich arbeiten und wie Sie das Augen-Gehirn-System beim Lesen zu Ihrem Vorteil einsetzen können.

Die Grundmechanismen des Lesens

Das Auge ist die raffinierteste „Kamera" der Welt. Um etwas klar zu sehen (eine „Aufnahme" zu machen), muss das Auge für den Bruchteil einer Sekunde ruhig auf ein Objekt blicken, bevor es zum nächsten wechselt. Beim Lesen bedeutet das, dass sich das Auge auf einige wenige Wörter „fixieren", sie „fotografieren" und registrieren muss und erst dann zu den nächsten Wörtern übergeht, wo sich der Vorgang wiederholt. Weiß man einmal, wie das Auge physisch arbeitet, kann man einfach zwischen einem langsamen und einem schnellen oder „Bereichsleser" unterscheiden (dieser Begriff beschreibt eine Person, die in vielen unterschiedlichen Geschwindigkeiten, also in einem großen Geschwindigkeitsbereich, gut lesen kann).

Langsame Leser lesen ein bis zwei Wörter auf einmal, „fixieren" diese Wörter bis zu eineinhalb Sekunden lang, springen regelmäßig zurück, um etwas genau zu erfassen und zu verstehen, und lassen ihre Augen immer wieder von der Seite abschweifen, abgelenkt von äußeren Ereignissen oder inneren Bildern, den Tagträumen!

Schnell- oder Bereichsleser erfassen drei bis sechs Wörter auf einmal, „fixieren" diese Wörter nur eine halbe oder eine Viertelsekunde lang, springen nur sehr selten zurück und konzentrieren ihre Augen auf die Seite und ihr Gehirn auf den Inhalt.

Das führt zu stark unterschiedlichen Lesegeschwindigkeiten: Langsame Leser schaffen etwa 100 Wörter pro Minute, ein normaler Leser rund 200, ein traditioneller „guter" Leser 400 und ein Bereichsleser 1000 Wörter oder mehr pro Minute.

Lesegeschwindigkeiten und Wörter pro Sekunde

Langsamer Leser
100 Wörter pro Minute = rund 1,6 Wörter pro Sekunde

Normaler/durchschnittlicher Leser
200 Wörter pro Minute = rund 3,3 Wörter pro Sekunde

Traditioneller „guter" Leser
400 Wörter pro Minute = rund 6,6 Wörter pro Sekunde

Bereichsleser
1000 oder mehr Wörter pro Minute = rund 16,6 oder mehr Wörter pro Sekunde

Ihr Gesichtsfeld

Die Augen verfügen über zwei Haupttypen des Sehens, das Scharfsehen im zentralen Gesichtsfeld und das periphere Sehen. Beim Scharfsehen können gleichzeitig sechs Wörter horizontal und vertikal deutlich wahrgenommen werden. Ein guter Bereichsleser wird daher dreierlei gleichzeitig lesen: Die sechs nebeneinanderliegenden Wörter im Zentrum des Gesichtsfelds, die Gruppe der bereits gelesenen Wörter oberhalb dieser sechs Wörter in einer Rückschau und die Wörtergruppe, die als Nächstes gelesen wird, in einer Vorschau. Ein Bereichsleser nutzt den Bereich des Scharfsehens vollständig aus.

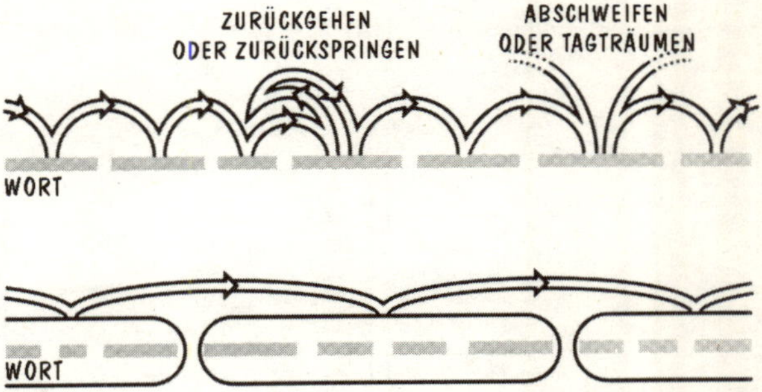

Ein langsamer Leser hat einige schlechte Angewohnheiten (die in der Abbildung ganz oben gezeigt werden). Dazu gehören, dass stets nur ein kleiner Bereich des Textes fixiert wird, das Zurückgehen und Zurückspringen sowie mangelnde Konzentration, also dass dem Gehirn erlaubt wird abzuschweifen. Schnell- oder Bereichsleser fixieren mit einem einzigen Blick stets größere Bereiche eines Textes.

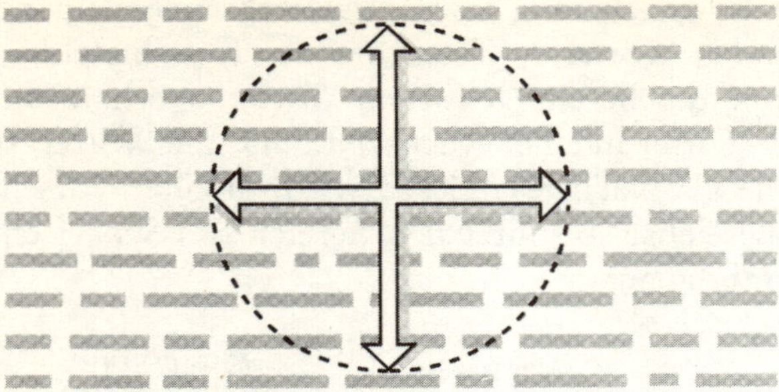

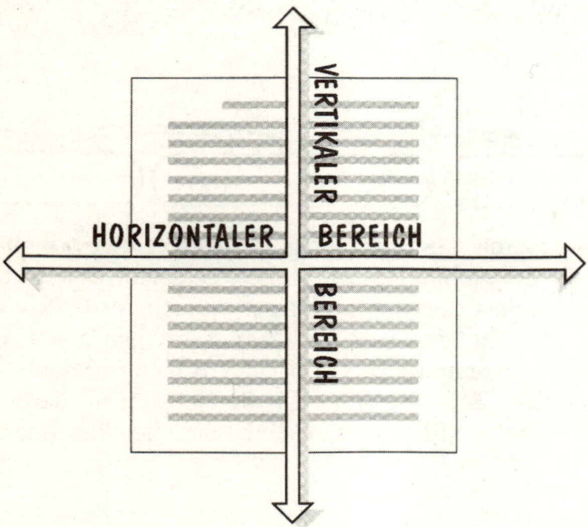

Wenn ein Schnell- oder Bereichsleser das Augen-Gehirn-System richtig nützt, erstreckt sich das Scharfsehen über einen großen, kreisförmigen Bereich (obere Abbildung), während das periphere Sehen sogar über die Seite hinausreicht (untere Abbildung).

Das periphere Gesichtsfeld

220 Millionen der 260 Millionen Lichtrezeptoren, die beim Lesen für Sie arbeiten, sind für Ihr peripheres Gesichtsfeld bestimmt. Dafür gibt es einen einfachen Grund: Nahrung, Gefahren, mögliche Partner und Millionen anderer interessanter Dinge können allesamt aus der Welt außerhalb Ihres zentralen Gesichtsfelds kommen. Oder anders ausgedrückt: Der den Vorgängen rund um Sie herum gewidmete Anteil Ihrer Sehfähigkeit ist deshalb so hoch, weil dadurch Ihr Überleben sichergestellt wird.

Dieser überwiegende Bestandteil des Gesichtsfeldes wird zudem weit deutlicher wahrgenommen, als man früher vermutete. Belege dafür finden Sie in Ihrem eigenen Alltagsleben. Falls Sie jemals ein neues Auto oder einen Gebrauchtwagen gekauft haben, sagen wir einmal einen kleinen roten, haben Sie bei der ersten Ausfahrt unvermeidlich überall ähnliche kleine rote Autos wahrgenommen, im Gegenverkehr, auf Nebenstraßen und sogar im Rückspiegel! Verantwortlich dafür ist, dass Ihr hinter den Linsen Ihrer Augen befindliches Gehirn die Umwelt nach interessanten Dingen durchsucht, und kleine rote Autos waren in diesem Moment besonders interessant.

Das Faktum, dass Sie bei Bedarf Dinge in Ihrem gesamten Gesichtsfeld registrieren können, zeigt, wie deutlich das periphere Sehen ist. Sie können das selbst überprüfen, indem Sie einen Bleistift mitten auf eine Seite legen und dessen Spitze mit Ihren Augen fixieren. Sie werden feststellen, wie viel Sie gleichzeitig in Ihrem peripheren Gesichtsfeld wahrnehmen können, insbesondere Dinge wie Grafiken, Titel und Seitenzahlen. Sie werden auch bemerken, dass Sie sogar große Bereiche der gegenüberliegenden Seite sehen können.

Umfassende Wahrnehmung

Wenn sich das Auge auf den zentralen Kreis scharf gesehener Wörter konzentriert, was sieht dann eigentlich alle umliegenden Bereiche? Bela Julesz vom Sensory and Perceptual Processes Department (sinngemäß: der Abteilung für sensorische und andere Wahrnehmungsprozesse) der Bell Telephone Laboratories hat in bahnbrechenden Forschungsarbeiten gezeigt, dass jeder in Wirklichkeit über ein „zentrales" Auge verfügt, das Gehirn.

Als Folge der Art und Weise, wie wir unser Leben und unsere Umwelt eingerichtet haben, konzentrieren sich unsere Augen normalerweise auf jene Bereiche, für die sich unser Gehirn interessiert. Es ist beinahe so, als ob wir an dieser „Tunnelwahrnehmung", die uns nur den kleineren Teil unseres Gesichtsfelds erfassen lässt, festkleben würden.

In seinem natürlichen Zustand ist die Aufmerksamkeit des Gehirns jedoch weit umfassender, und es kann als eine Art „inneres" Auge alle durch die Linsen übermittelten Informationen durchforschen und sich manchmal auf alles gleichzeitig konzentrieren. Die Beherrschung dieser umfassenden, universellen Sehtechnik wird in Kampfsportarten und von allen großen Künstlern aktiv geübt. Wahrscheinlich war es dieses beeindruckende Augen-Gehirn-Potenzial, das Magliabechi voll entwickelte und das ihn dazu befähigte, ganze Buchseiten auf einen Blick zu erfassen.

Auffassungsvermögen

Dass man Menschen beibringt, „langsam und sorgfältig" zu lesen, beruht auf der früher verbreiteten Ansicht, langsameres Lesen würde zu besserem und rascheres Lesen zu schlechterem Verständnis führen. Sämtlichen Forschungsergebnissen zufolge entstehen dabei jedoch besonders folgenreiche negative Synergieeffekte. Wenn Sie diese falsche Formel anwenden, verstehen Sie um so weniger, je langsamer Sie lesen, worauf Sie noch langsamer werden müssen, um schließlich noch weniger zu verstehen.

Tatsächlich steigert sich Ihr Auffassungsvermögen, je rascher Sie lesen. Die Richtigkeit dieser Ansicht lässt sich mit einem einfachen Experiment nachweisen. Lesen Sie die erste der beiden folgenden Aussagen, und zwar langsam und eine Buchstabengruppe nach der anderen. Dann lesen Sie die zweite Aussage, indem Sie jeweils eine Wortgruppe nach der anderen auf einmal erfassen.

1. Es ist interessant, etwas über die Aktivitäten des menschlichen Gehirns zu lernen.

2. Sämtliche Studien über geniale Menschen haben gezeigt, dass sie sich alle besonders bemühten, sämtliche geistigen Fähigkeiten umfassend zu entwickeln.

Es ist für das Gehirn natürlicher und bequemer, mit einer Geschwindigkeit von 400 oder mehr Wörtern pro Minute zu arbeiten, bei der es möglich wird, die Wörter gruppenweise zu erfassen. Die höhere Geschwindigkeit ermöglicht automatisch auch eine Steigerung des Auffassungsvermögens, da die Information in Einheiten organisiert wird, die in sich sinnvoll sind. Dies erhöht in der Folge auch das Erinnerungsvermögen, denn die Gedächtnisleistung verbessert sich, wenn Dinge sinnvoll zusammengestellt und miteinander verknüpft werden.

Eine höhere Lesegeschwindigkeit kann jedoch nicht nur Ihr Auffassungs- und Erinnerungsvermögen, sondern oft auch Ihren Intelligenzquotienten erhöhen. Die meisten Intelligenztests erfolgen schriftlich, und wenn Ihr Augen-Gehirn-System die Informationen rascher und effizienter aufnimmt, wird es fähig sein, die Information exakter und rascher zu analysieren. Sie werden mehr Zeit für die eigentliche Lösung jedes einzelnen Problems zur Verfügung haben.

Techniken zur Verbesserung von Lesegeschwindigkeit und Auffassungsvermögen

Mit diesem Wissen über die erstaunliche Macht der Augen und des Gehirns sind Sie nun in der Lage, sich auf eine reizvollere und lohnendere Weise mit dem Lesen zu beschäftigen. Es folgen Techniken und Tipps, wie Sie rasch Fortschritte erzielen und Ihre Leistung Ihr Leben lang fortwährend steigern können.

- Steigern Sie die Zahl der Wörter, die Sie mit einem Blick aufnehmen.
- Halten Sie sich nicht zu lange mit einzelnen Wortgruppen auf. Ihr Augen-Gehirn-System ist ohne weiteres in der Lage, mit sehr hoher Geschwindigkeit zu „fotografieren".
- Achten Sie darauf, dass Ihre Augen sich ständig weiterbewegen.
- Konzentrieren Sie sich auf die jeweilige Seite.
- Nutzen Sie Ihre Fähigkeit zu umfassender Wahrnehmung, suchen Sie ständig nach Schlüsselwörtern und -ideen.
- Sprechen Sie innerlich mit. Da Ihre Sinneswahrnehmungen sich automatisch miteinander verknüpfen, werden Sie auf einer tieferen Ebene den Klang der Wörter beim Lesen automatisch mitproduzieren. Wenn Sie zu besonders wichtigen Schlüsselwörtern oder Sätzen kommen, „rufen Sie sie innerlich aus". Durch diese Betonung fördern Sie sowohl Ihr Auffassungs- als auch Ihr Erinnerungsvermögen.
- Versuchen Sie, eine positive Einstellung und geistiges Interesse zu bewahren Ihr Gehirn und Ihre Sinne werden dadurch „offener und aufnahmefähiger", wodurch sich Ihre Geschwindigkeit erhöht.
- Achten Sie beim Lesen auf eine gute Haltung (siehe unten).

Die beste Haltung beim Lesen

Idealerweise sollten Ihre Füße beide flach auf dem Boden stehen. Ihr Rücken sollte aufrecht sein und Sie sollten versuchen, Ihre Muskeln sanft zu dehnen. Die verschiedenen Rundungen Ihres Rückens erfüllen eine wesentliche Stützfunktion. Wenn Sie versuchen, „zu gerade" zu sitzen oder diese Rundungen „zu verflachen", verschwenden Sie Ihre Energie und ermüden rascher.

Wenn Sie auf einem Stuhl sitzen und lesen, kann es für Sie bequemer sein, das Buch in Ihren Händen zu halten. Wenn Sie sich andererseits lieber ein wenig über einen Schreibtisch oder Tisch beugen wollen, versuchen Sie, das Buch auf eine Unterlage zu legen, so dass ein leichter Winkel entsteht. Sorgen Sie vor allem dafür, dass Sie auf einer festen Unterlage sitzen. Alles, was zu bequem ist, wie beispielsweise ein zu weiches Polster, wird Sie früher oder später einschläfern! Eine korrekte Lesehaltung ist in vielerlei Hinsicht vorteilhaft:

- **Kreislauf:** Ihr Gehirn wird nur dann Höchstleistungen erbringen, wenn es optimal mit Blut und Sauerstoff versorgt wird. Wenn der obere Bereich der Wirbelsäule und insbesondere das Genick zu stark gekrümmt sind, werden sowohl die Luftröhre als auch die Hauptarterien und -venen im Genick verengt. Wenn Sie sich gerade aufsetzen, erweitern Sie diese Kanäle.
- **Gesichtsfeld:** Eine gute Haltung gestattet Ihren Augen, sowohl das zentrale als auch das periphere Gesichtsfeld ganz auszunützen. Ihre Augen müssen mindestens 50 Zentimeter vom gelesenen Text entfernt sein.

- **Energiefluss:** Um seine maximale Leistung zu entfalten, benötigt Ihr Gehirn elektrische Energien, die entlang Ihrer Wirbelsäule aufwärts fließen. Eine aufrechte Position unter Beibehaltung der natürlichen leichten Krümmung des Rückgrats bewirkt nachweislich eine Stärkung und höhere Elastizität der Wirbelsäule. Auch Schulterschmerzen und Schmerzen im unteren Rückenbereich werden bei aufrechter Haltung auf ein Minimum reduziert.
- **Aufmerksamkeit:** Bei aufgerichtetem Körper weiß das Gehirn, dass etwas Wichtiges geschieht. Ist der Körper dagegen gekrümmt oder schlaff, sagt das dem Gehirn über das Innenohr und den Gleichgewichtsmechanismus, dass es Zeit zum Schlafen ist, besonders wenn die Kopfhaltung zu stark von der Vertikale abweicht. Wenn Ihr Körper aufmerksam ist, dann ist es auch Ihr Gehirn.
- **Lesehilfen:** Millionen Jahre lang bildeten das Auge, der Zeigefinger und das Gehirn ein Team, das den Menschen dazu befähigte, hervorragende Fertigkeiten zu entwickeln, ob im Beobachten, Werfen, Kommunizieren, Zeichnen oder in den letzten 5000 Jahren im Lesen und Schreiben.

  Wir alle benützen in manchen Situationen unsere Finger zum Lesen auf ganz natürliche Art. Verwenden Sie einen Finger, einen Bleistift oder eine andere Lesehilfe, wenn Sie eine Reihe von Zahlen addieren? Ein Wort in einem Wörterbuch nachschlagen? Einen Namen und eine Nummer in einem Telefonbuch suchen? Anweisungen auf einem Paket lesen? Es gibt einen einfachen Grund, warum wir das tun. Eine Lesehilfe unterstützt die Augen dabei, sich zu

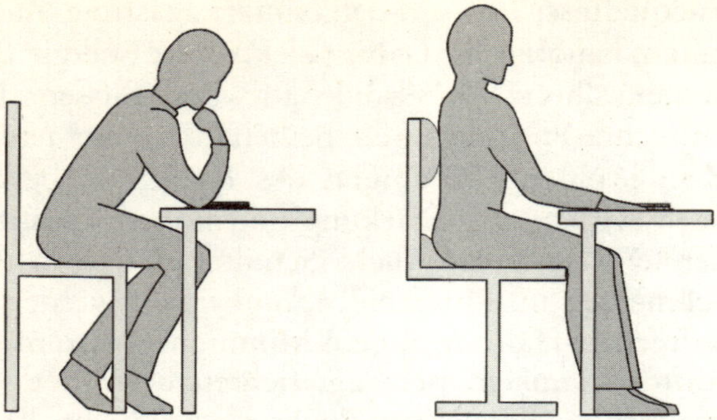

Versuchen Sie, sich beim Lesen nicht über einen Schreibtisch oder Tisch zu beugen (links). Es ist weit besser für Ihr Gehirn, wenn Sie eine aufrechtere Sitzposition einnehmen (rechts).

konzentrieren. Das ist auch der Grund, warum alle Kinder beim Lesenlernen ihre Hand unter die Wörter legen, und es ist falsch, Kinder aufzufordern, ihre Hände oder Finger wegzunehmen. Den Finger als Anhaltspunkt zu verwenden, kann ihr Lesetempo zwar verringern, aber Sie können das Kind ja auch problemlos dazu ermutigen, diese „Lesehilfe" rascher zu bewegen.

Idealerweise sollten Sie beim Lesen eine dünne Lesehilfe, wie etwa einen Bleistift verwenden. Ihr Auge wird diesem Wegweiser automatisch folgen. Dadurch konzentriert sich Ihre Aufmerksamkeit auf natürliche Weise, und es entsteht ein physisches und geistiges Erinnerungsmuster, das Ihr Erinnerungsvermögen fördert. Wenn Sie mit dem Schnelllesen beginnen, liegt die ideale Geschwindigkeit für ein optimales Verständnis des Gelesenen bei 600 bis

700 Wörtern pro Minute. Da die meisten Bücher und maschinengeschriebenen oder gedruckten Briefe zehn bis zwölf Wörter pro Zeile beinhalten, können Sie bei einer Lesegeschwindigkeit von einer Zeile pro Sekunde 600 bis 700 Wörter pro Minute lesen. Von dieser neuen Basis aus können Sie 1000 Wörter pro Minute anpeilen und sich danach noch ehrgeizigere Ziele setzen. Wenn Sie Ihre Gedächtnisleistung und Ihr Erinnerungsvermögen maximieren und ihre Lesegeschwindigkeit erhöhen wollen, sollten Sie unbedingt kontinuierlich lesen. Lesehilfen können sich dabei auch für Schnell- und Bereichsleser als äußerst nützlich erweisen: Derartige Hilfsmittel können dafür sorgen, dass Sie seltener zurückspringen und Ihre Blickspanne vergrößern. Sie ermöglichen einen angemessenen Leserhythmus und erhöhen nicht nur Ihre Konzentrationsfähigkeit sondern auch Ihr Auffassungs- und Erinnerungsvermögen und Ihre Geschwindigkeit.

- **Markieren Sie wichtige Stellen in einem Buch:** Menschen und viele Tiere haben stets Dinge mit Zeichen versehen, um sie als ihren Besitz zu beanspruchen: Höhlenmalereien, Hausnamen und -nummern, Brandzeichen für Nutztiere, Unternehmenslogos und persönliche Unterschriften sind nur einige wenige Beispiele. Wenn Sie wichtige Schlüsselworte, Konzepte und Bilder beim Lesen markieren, besonders, wenn Sie dafür Farben verwenden, welche die Sehzentren der Großhirnrinde anregen, wird Ihr Gehirn diese Information „besitzen“. Anders gesagt: Sie werden die Information besser verstehen und sie besser behalten.

- **Markieren Sie problematische Stellen, und lesen Sie weiter:** Legen Sie keine Pausen ein, um sich mit Verständnisproblemen zu befassen. In 80 Prozent der Fälle wird Ihr Gehirn das Problem im Zuge des Weiterlesens lösen können. Auch wenn es Ihnen nicht gelingt, das Problem auf diese Art zu lösen, werden Sie jedenfalls im Zusammenhang mit dem folgenden und dem vorausgegangenen Text später auf einer besseren Grundlage an die Lösung der jeweiligen Verständnisschwierigkeit herangehen können.
- Verschaffen Sie sich vor dem Lesen einen Überblick: Bevor Sie ein Buch vollständig lesen, können Sie einiges tun, damit Sie es rascher lesen und seinen Inhalt besser behalten können.
  - Blättern Sie durch das gesamte Buch, suchen Sie nach Diagrammen, Grafiken, Überschriften und interessanten Stellen, um ein Gefühl für das Werk zu entwickeln.
  - Lesen Sie Titel- und Rückseite sowie die Klappentexte.
  - Lesen Sie das Inhaltsverzeichnis.
  - Werfen Sie einen Blick auf den Index, sofern vorhanden.
  - Überprüfen Sie die Bibliografie, sofern vorhanden.
  - Lesen Sie die Einleitung und den Beginn des ersten Kapitels.
  - Lesen Sie das letzte Kapitel, die Zusammenfassung und die Schlussfolgerungen.
  - Falls Sie noch immer interessiert sind, lesen Sie nun die ersten und letzten Seiten der anderen Kapitel des Buchs.

- Fertigen Sie einige Notizen zum Buch in Form einer Mind Map® (siehe Seite 195) auf einem Blatt Papier an, und fragen Sie sich, ob Sie das Buch wirklich gründlich studieren wollen oder ob Sie nicht bereits über jene Informationen verfügen, nach denen Sie ursprünglich gesucht haben. Im Allgemeinen sind es bloß zwei bis drei von zehn Büchern wert, tatsächlich gründlich gelesen zu werden.

Auf Poesie, Romane und andere dem „Vergnügen“ dienende Lesestoffe lassen sich die meisten dieser Tipps nicht anwenden. Hier müssen Sie Ihre Techniken entsprechend anpassen.

Die Alexander-Technik und ihr Begründer

Immer mehr Menschen nutzen heute die Alexander-Technik als Mittel gegen „Krankheiten“ wie Rückenschmerzen, Atembeschwerden und Haltungsprobleme. Diese Technik stellt die Harmonie zwischen Körper und Seele wieder her, um Haltung, Gleichgewichtsgefühl und Auftreten zu verbessern. Sie wird heute an allen bedeutenden Musikkonservatorien und Schauspielschulen gelehrt und von tausenden Menschen praktiziert.

Die Technik wurde von dem in Tasmanien geborenen F. M. Alexander (1869–1955) entwickelt und nach ihm benannt. Alexander, Shakespeare-Schauspieler, Gelehrter, Amateurviolinist und Abenteurer, hatte sich auf Solo-Rezitationen spezialisiert, musste aber seine viel versprechende Bühnenlaufbahn wegen eines hartnäckig auftretenden Phänomens abbrechen: Er verlor regelmäßig während der Vorstellung seine Stimme. Selbst führende Halsexperten und Stimmbildner konnten ihm nicht wirklich helfen, und Alexander beschloss, selbst nach einer Lösung zu suchen.

Das war der Beginn seiner lebenslangen Erforschung der Wechselwirkung zwischen Körper und Geist, die er durch Untersuchungen an sich selbst betrieb. Als er sich anfangs unter Zuhilfenahme eines Spiegels beobachtete, stellte er fest, dass er dazu neigte, beim Sprechen seine Nackenmuskeln anzuspannen und seinen Kopf nach unten und rückwärts zu ziehen. Alexander vermutete, dass diese Gewohnheit für seine Stimmprobleme verantwortlich war. Er entdeckte außerdem, dass er dazu tendierte, sich selbst „körperlich" kleiner zu machen, und dass dieses Phänomen bereits auftrat, wenn er nur an seine Rezitationen dachte.

Im Grunde fand Alexander heraus, dass wir uns von schlechten Körperhaltungen befreien können, indem wir unsere Denkweise ändern. Um es mit seinen Worten auszudrücken: „Wir können lebenslange Gewohnheiten abschütteln, wenn wir unser Gehirn benutzen."

Die Alexander-Technik sollte bei einem ausgebildeten Lehrer erlernt werden. Eine Liste der in Deutschland ansässigen und anerkannten Lehrer kann über die Gesellschaft der Lehrer der Alexander-Technik (GLAT) bezogen werden (G.L.A.T., Postfach 5312, D-79020 Freiburg, Tel./Fax 0049/(0)761/38 33 57).

9

MIND MAPPING®

Eine Mind Map® ist das Beste aller Denkinstrumente. Sie kann Ihnen ebenso dabei helfen, Ihr Gedächtnis und Ihre Konzentrationsfähigkeit zu verbessern, wie dabei, Ihre Gedanken klar zu strukturieren.

TONY BUZAN

Wenn Sie „Das Mind Map®" Buch von Tony Buzan und seinem Bruder Barry, das ebenfalls im mvg-Verlag erschienen ist, bereits gelesen haben, dann werden Sie keine Einführung in diese interessante und innovative Methode zur Anfertigung von Notizen eigener Gedanken sowie von Mitschriften der Gedanken anderer benötigen. Doch für diejenigen, die noch keine Mind Mapper sind, soll auf den folgenden Seiten in Kurzform beschrieben werden, was Mind Maps® sind. Außerdem werden einige der unzähligen möglichen Anwendungsformen von Mind Maps® erklärt.

Falls Sie Näheres zu diesem Thema wissen wollen, werden Sie zusätzlich zum „Mind Map® Buch eventuell noch drei weitere Bücher als besonders hilfreich empfinden. In „Kopftraining" (Goldmann Verlag) hat Tony Buzan die Mind Mapping®-Technik erstmals beschrieben. „Mind Mapping®" (hpt Verlag) ist eine Einführung in die Mind Mapping-Theorie in visuell orientierter Form. Das Buch „Business Mind Mapping® (Ueberreuter Verlag) beschäftigt sich speziell mit Anwendungen im Geschäftsleben und enthält zahlreiche Praxisbeispiele aus Unternehmen wie IBM, Roche oder Fujitsu.

Mind Maps® im Vergleich zu herkömmlichen Notizen

Mind Mapping® ist eine Technik, die im Informationszeitalter ebenso lebensnotwendig ist, wie es lineare Notizen im Industriezeitalter waren, und die Ihnen in vielfältiger Form helfen kann. Beim Anfertigen von linearen Notizen werden nur einige wenige der kortikalen Fähigkeiten des Gehirns benutzt, und zwar jene zur Bildung und zum Erkennen von Worten, Listen und Linien, sowie bis zu einem bestimmten Ausmaß auch analytische Fertigkeiten. Lineare Notizen werden auch meist nur in einer Farbe (üblicherweise blau, schwarz oder grau) ausgeführt.

Deshalb hat dieses System zur Anfertigung von Notizen, das sich zunehmend als überholt erweist, zwei große Nachteile: Erstens wird dabei nur die Hälfte unserer mentalen Fähigkeiten eingesetzt, und zweitens werden keine Farben verwendet, die eines der wichtigsten Instrumente für Lernen, Kreativität und Gedächtnis sind. Einfarbige Notizen sind monoton und langweilig, und wenn das Gehirn „gelangweilt“ ist, blendet es aus und verringert sein Aktivitätsniveau. (Dies ist letztlich auch der Grund dafür, weshalb so viele Menschen während Vorträgen oder in Bibliotheken einnicken!)

Mind Maps® beinhalten Farben, Dreidimensionalität und Bilder, ebenso aber auch Worte. Am günstigsten ist es, sie auf weißes Papier in DIN-A3-Format zu zeichnen und rund ein Dutzend Filzstifte in verschiedenen bunten Farben zu verwenden sowie eine Auswahl unterschiedlicher Leuchtstifte.

Mind Maps® bringen Ihnen zahlreiche Vorteile gegenüber dem Anfertigen von Notizen und Mitschriften in der herkömmlichen linearen Weise. Dazu zählen:

- Sie sparen Zeit, denn Sie notieren und lesen nur die relevanten Schlüsselwörter und Bilder.
- Sie haben die Möglichkeit, sich auf die wirklich wichtigen Aufgaben zu konzentrieren.
- Sie regen Ihr Gehirn und Ihre erstaunlichen kreativen Fähigkeiten an.
- Sie können Ihr Erinnerungsvermögen verbessern.

Mind Maps® und radiales Denken

Das Gehirn arbeitet von Natur aus in Form des radialen Denkens. Diesem zentralen Konzept entsprechend zaubert Ihr Gehirn fast augenblicklich weitere assoziierte Worte und Gedanken hervor, sobald Ihnen ein Wort oder eine Idee in den Sinn kommt. Und in der Folge gibt es selbstverständlich hunderte und tausende von weiteren Assoziationen, die mit den soeben neu entstandenen Gedanken verbunden werden können.

Dieser Prozess, der von der ursprünglichen Idee ausstrahlt, kann unbegrenzt fortgesetzt werden.

Eine Mind Map® ist die äußere Ausdrucksform des radialen Denkens. In derselben Weise, wie unsere Ideen beim radialen Denken mit einem zentralen Punkt verbunden sind und von diesem ausstrahlen, geht auch eine Mind Map® von einem zentralen Bild aus. Erinnern Sie sich stets daran, dass es zu Ihren Gedanken und ebenso auf Ihren Mind Maps® eine unbegrenzte Anzahl möglicher Assoziationen gibt.

Wie eine Mind Map® angefertigt wird

Um die hohe Kunst des Mind Mapping® zu erlernen, sollten Sie „Das Mind Map® Buch lesen, das Grundlagenwerk zu diesem Thema. Für den Anfang werden hier einige Basisprinzipien beschrieben, die Ihnen dabei helfen sollen, zu verstehen, was in dieser Methode alles beinhaltet ist. Denken Sie bei Denkaufgaben und Problemen jeder Art daran, dass Sie eine Mind Map® verwenden können, um sie zu erfassen, und dass diese Ihnen bei Ihren Überlegungen sowie bei Erinnerungsleistungen helfen kann.

Mind Maps® erlegen Ihrem Denken keinerlei Einschränkungen auf. Sie können jederzeit ergänzt oder auch zu einem späteren Zeitpunkt überarbeitet werden. Von *größter* Bedeutung ist, dass Sie sich von vorgefassten Meinungen und Ideen trennen, bevor Sie mit einer Mind Map® beginnen. Für die Konzeption dieses Buches wurden Mind Maps® benutzt und ebenso bei unseren Studien zur Erforschung des Lebens zahlreicher Genies, die wir während der Vorbereitung dieses Werkes betrieben haben und die uns ermöglichten, die 20 Genie-Qualitäten zu bestimmen. Wenn Sie Tony Buzans Mind Map® des Lebens von Leonardo da Vinci (siehe Seite 215) betrachten, werden Sie erkennen, dass mit ihrer Hilfe zahlreiche Aspekte aus dem Leben dieses großen Denkers mit einem einzigen Blick erfasst werden können. Lineare Notizen zur Biografie von Leonardo hätten sich hingegen über unzählige Seiten erstreckt und wären mit einem wesentlich höheren Zeitaufwand verbunden gewesen.

Die grundlegenden Gesetze des Mind Mapping®

1. Beginnen Sie Ihre Mind Map® mit einem zentralen Bild, das Ihr Thema darstellen soll, und zeichnen Sie dieses in mindestens drei verschiedenen Farben. Machen Sie sich keine Gedanken über Ihre künstlerischen Fähigkeiten. Falls Sie auf die Idee kommen sollten, Sie könnten nicht zeichnen, vergessen Sie diese am besten gleich wieder.

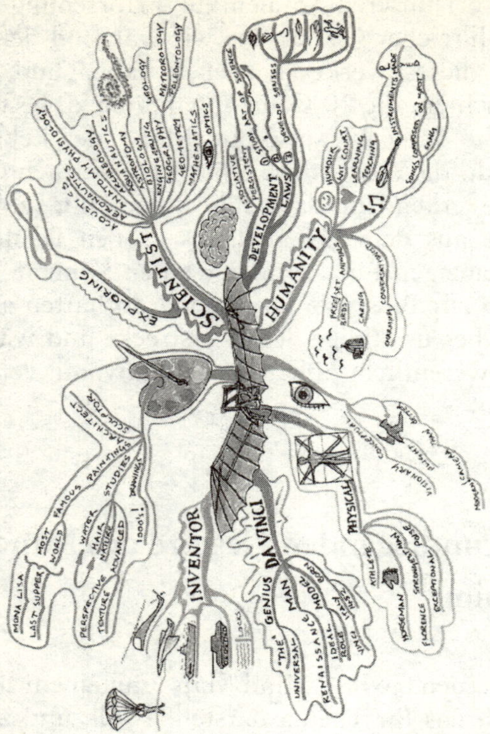

Die abgebildete Mind Map® von Tony Buzan gibt eine Zusammenfassung des Lebens von Leonardo da Vinci. Sie erfüllt mehrere Funktionen: Sie war die Basis für das Kapitel über da Vinci in diesem Buch; sie gibt eine inhaltsreiche Zusammenfassung von Leonardos Leben; sie zeigt ein Gesamtbild des großen Genies; sie erinnert auf einen Blick an alle wesentlichen Fakten; sie kann für alle bereits erwähnten Anwendungsformen in Zukunft jederzeit wieder eingesetzt werden. Beachten Sie bitte, wie für die verschiedenen Elemente Zwei- und Dreidimensionalität sowie Farben und Bilder benutzt und wie bestimmte Aspekte von da Vincis Leben hervorgehoben und untereinander verbunden wurden.

2. Sie können die zeichnerischen Elemente Ihrer Mind Map® einfach oder kompliziert gestalten, ganz so, wie es Ihren persönlichen Vorlieben entspricht. Allerdings werden Sie feststellen, dass Sie mehr Freude an Ihren Mind Maps® haben und sich auch besser an diese erinnern werden, wenn Sie sich die Zeit nehmen, sie so schön wie möglich zu gestalten. Die Bilder in Ihren Mind Maps® sollten klar und eindeutig sein sowie unterschiedliche Größen haben.
3. Lassen Sie Ihre Gedanken kreisförmig von dem Bild in der Mitte ausstrahlen, und ordnen Sie Ihre Ideen in einer Ihrer jeweiligen Bedeutung entsprechenden Reihenfolge an. Heben Sie Schlüsselworte hervor. Für die Mind Map® über das Leben von da Vinci (siehe Seite 215) beispielsweise waren zahlreiche Facetten des Lebens dieses großen Genies zu berücksichtigen. Er war nicht nur ein Maler, sondern auch ein Erfinder und ein Wissenschaftler. Er verfügte in vielen Gebieten über profunde Kenntnisse. Tony Buzan hat in der Mind Map® Bilder benutzt, die ihn an die Erfindungen von Leonardo erinnern sollen, und Worte für die unterschiedlichen Wissenschaften, in denen Leonardo bewandert war.
4. Schreiben Sie die Schlüsselworte auf Linien (die das „Gerüst der Mind Map® ergeben). Verwenden Sie pro Linie nur ein Wort, und zeichnen Sie die Linien genau der Länge der Worte entsprechend. Versuchen Sie, die kreisförmig ausstrahlenden Linien jeweils so horizontal wie möglich einzutragen, damit die darauf stehenden Worte leichter gelesen

werden können. Schreiben Sie die Worte in Blockbuchstaben und passen Sie deren Größe der Bedeutsamkeit der Worte an, also um so größer, je wichtiger die Worte sind. Achten Sie darauf, die Buchstaben aufrecht zu schreiben, damit sie leicht les- und erinnerbar sind. Außerdem können Sie auch Ihre Lieblingsfarben dafür verwenden, bestimmte Schlüsselwörter hervorzuheben.

5. Variieren Sie die Stärke der Linie in Relation zur Bedeutung der darauf befindlichen Worte oder Bilder. Im Zentrum der Mind Map® befinden sich eher dickere Linien, weiter außen eher dünnere.
6. Achten Sie auf eine angemessene und gut organisierte Raumaufteilung. Falls Ihnen während des Anfertigens Ihrer Mind Map® einmal die Ideen ausgehen sollten, können Sie in dem noch nicht fertig gestellten Bereich ein oder zwei leere Linien hinzufügen. Arbeiten Sie dann an einem anderen Teil Ihrer „Mind Map®" weiter. Wenn Sie sich dann später wieder der „Problemzone" zuwenden, werden die leeren Linien Ihr Gehirn dazu anregen, die Mind Map® zu vollenden.
7. Verbinden Sie die Informationen untereinander, verknüpfen und assoziieren Sie Ideen durch Schleifen, Bogen und Pfeile. Verwenden Sie Symbole, wie etwa Häkchen, Kreuzchen oder lachende und traurige Gesichter, um Vorlieben und Abneigungen anzuzeigen. Sie können Bilder und Symbole auch als persönliche Codes verwenden.
8. Um Ihr Gedächtnis zu unterstützen, sollten Sie nach Möglichkeit Bilder und Worte verwenden, die Sinnesempfindungen evozieren. Denken Sie dabei nicht nur

an visuelle, akustische, Geruchs-, Geschmacks- und Berührungsempfindungen, sondern auch an Verweise auf Bewegungsempfindungen (Kinästhesie).

Mind Mapping®-Tipps

Bevor Sie damit beginnen, eine Mind Map® zu zeichnen, sollten Sie sich geistig darauf vorbereiten und sich vergewissern, dass Sie Ihr Arbeitsumfeld so gestaltet haben, dass Sie sich darin wohl fühlen.

1. Bewahren Sie eine positive Einstellung, und ärgern Sie sich nicht, falls Ihre erste Mind Map® nicht Ihren Vorstellungen entsprechend ausfällt.
2. Lassen Sie Ihren Gedanken freien Lauf. Falls Sie scheinbar „sinnlose Ideen haben, sollten Sie auch diese auf Ihrer Mind Map® erfassen. Vielleicht sind es gerade diese Gedanken, die Ihnen in der Folge ermöglichen, Ihr Thema aus einer anderen Perspektive zu sehen oder ein völlig neues Konzept zu entwickeln. Regen Sie Ihre Kreativität und den Fluss Ihrer Gedanken an.
3. Trainieren Sie Ihr Gehirn, indem Sie Mind Maps® anderer Menschen sowie Bilder nachzeichnen.
4. Wenn Sie darangehen, eine Mind Map® anzufertigen, sollten Sie zuerst Ihre Umgebung so gestalten, dass Sie diese als möglichst angenehm und erfreulich empfinden.
5. Es ist empfehlenswerter, auf einem flach hingelegten Blatt Papier zu zeichnen als auf einer Unterlage in

schrägem Winkel. Wenn Sie bei der Arbeit gerne Musik hören, dann gönnen Sie sich diese Anregung, aber achten Sie darauf, dass Sie dadurch nicht abgelenkt werden. Arbeiten Sie nach Möglichkeit bei natürlichem Licht. Vergewissern Sie sich auch, dass Ihr Stuhl und Ihr Tisch Ihnen eine aufrechte und entspannte Sitzposition ermöglichen.

6. Sorgen Sie dafür, dass die Raumtemperatur nicht zu hoch ist. Falls möglich sollten Sie in der Nähe eines geöffneten Fensters arbeiten, um Ihr Gehirn mit frischer Luft zu versorgen.

Der Gebrauch von Mind Maps®

Mind Maps® können Sie bei erstaunlich vielen Denkaufgaben unterstützen. Sie sind nicht nur die perfekte Form, um Notizen und Mitschriften zu machen, sie sind auch hervorragend dafür geeignet, Probleme zu lösen, Planungen durchzuführen oder zu völlig neuen Konzepten zu gelangen, also einen so genannten „Paradigmenwechsel" zu ermöglichen. (Ein Paradigmenwechsel ist eine Veränderung des Denkens in Bezug auf allgemein gültige, etablierte Annahmen. Beispielsweise beinhaltete Einsteins Relativitätstheorie einen Paradigmenwechsel. Das Gleiche gilt für die erstmalige Erkenntnis, dass die Erde nicht flach ist.) Mind Maps® sind auch hervorragend dafür geeignet, Referate vorzubereiten und zu halten, zu kommunizieren, zu unterrichten sowie Management-Aufgaben wahrzunehmen. Und sie werden in der Praxis auch bereits von zahlreichen Menschen mit ausgezeichneten Ergebnissen für derartige Betätigungen verwendet.

Studenten und Schüler können Mind Maps® dafür benutzen, sich Lernstoff aus unterschiedlichsten Fächern anzueignen sowie sich auf Prüfungen vorzubereiten. Falls Sie Mind Maps® dafür einsetzen wollen, sollten Sie sich diese in bestimmten Zeitabständen nochmals genau ansehen, um so Ihr Erinnerungsvermögen zu erhöhen. Verbringen Sie zunächst ungefähr eine Stunde damit, Ihre Mind Map® zu erlernen, und setzen Sie die erste Wiederholung ungefähr zehn bis 30 Minuten später an. Dann sollten Sie sich Ihre Mind Map® nach einem Tag, einer Woche und anschließend in Drei-Monats-Intervallen nochmals ansehen.

Eine weitere Möglichkeit, Ihre Erinnerungsleistungen zu verbessern: Versuchen Sie Ihre Mind Map® relativ rasch aus dem Gedächtnis nachzuzeichnen. Falls Sie dabei feststellen, dass Sie manche Bereiche von großen Mind Maps® nicht präzise wiedergeben können, sollten Sie Mini-Mind Maps® der Problembereiche anfertigen.

Schritt für Schritt Mind Mapping® erlernen

Um den größtmöglichen Nutzen aus diesem Buch zu ziehen, ist sehr zu empfehlen, dass Sie Mind Maps® der einzelnen Abschnitte anfertigen. Dabei können Sie *all* Ihre geistigen Fähigkeiten erhöhen. Aufgrund der dadurch entstehenden Synergieeffekte können Sie beginnen, Ihre eigenen Genie-Qualitäten umzusetzen.

Viele bedeutende Köpfe der Menschheitsgeschichte waren sich bewusst, dass es für sie zur vollen Entfaltung ihres Genies notwendig war, „äußere“ Notizen zu machen, die präzise den Ablauf ihrer inneren Denkprozesse reflektierten. Zu denjenigen, die in nicht-linearer Form Notizbücher anfertigten, zählten etwa Alberti, da Vinci, Galileo, Newton, Watt, Jefferson, Brunel, Darwin, Curie, Einstein und Picasso. Halten Sie sich an die folgenden Schritte, um die Mind Mapping®-Technik bestmöglich zu nutzen und Ihr Genie in die Praxis umzusetzen:

- Zeichnen Sie eine Mind Map® dieses Buches oder einzelner Abschnitte daraus, die Sie besonders interessieren.
- Machen Sie sich zu einer Gewohnheit, beim Lesen von Büchern, bei Vorträgen und beim Anfertigen von Notizen nach Schlüsselwörtern zu suchen.
- Machen Sie das Zeichnen von Mind Maps® zu einem Bestandteil Ihres täglichen Lebens.
- Verwenden Sie Farben, und benutzen Sie diese in Ihren Notizen auch als Code-System.
- Entwickeln Sie ihre künstlerischen Fähigkeiten.
- Experimentieren Sie mit dreidimensionalen Symbolen, und versuchen Sie, Symbole als persönliche Codes zu verwenden.
- Zeichnen Sie eine Mind Map® von sich selbst.
- Fertigen Sie gemeinsam mit Ihrer Familie, Freunden oder Arbeitskollegen eine Gruppen-Mind Map® an, beispielsweise zur Planung eines Urlaubs, für Studienzwecke oder um ein Projekt zu vollenden.

10

DENKSPORT

Denksportarten wie Schach und Go auszuüben oder ein Kreuzworträtsel zu lösen kann als Training für den Geist dienen und Sie geistig rege erhalten

RAYMOND KEENE

Denksport ist eine ausgezeichnete Art, das Gehirn zu trainieren, und dies ist ebenso wichtig wie physische Fitnessübungen für die Gesunderhaltung des Körpers. Es gibt hunderte von Spielen, unter denen Sie eines auswählen können, um damit Ihr Gehirn auf angenehme Art zu beschäftigen und gleichzeitig Ihre Freizeit zu genießen. Wenn Ihr Interesse und Ihre Fertigkeiten groß genug sind, werden Sie vielleicht danach streben, das von Ihnen gewählte Spiel auf Turnierniveau auszuüben. Vielleicht wünschen Sie aber auch nur, Ihre Kenntnisse und Fertigkeiten in einem bestimmten Denksport im Wettstreit mit Ihren Freunden und anderen Hobbyspielern zu erweitern. Ein sehr empfehlenswerter Weg, sich zusätzliches Wissen anzueignen, ist auch, Bücher und Magazine über Denksport zu lesen.

Strategiespiele

Strategiespiele stellen wahrscheinlich die größte Herausforderung an die Fähigkeiten des Gehirns dar, und sie werden auch weltweit von den meisten Menschen ausgeübt. Viele der besonders populären Brettspiele haben Weltmeister hervorgebracht, die auch abseits des von ihnen betriebenen Denksports ganz besondere Vorzüge aufweisen – bedeutende Denker, die auf verschiedensten Wissensgebieten profunde Kenntnisse besitzen und die über geistige, ebenso aber über physische Fitness verfügen (wie bereits gezeigt wurde, sind diese beiden Bereiche untrennbar miteinander verbunden).

Schach

Schach gilt gemeinsam mit Go zu Recht als das bedeutendste unter den Brettspielen. Millionen von Menschen spielen entweder selbst Schach, sind davon fasziniert oder verfolgen die Partien der weltbesten Schachspieler mit großem Interesse. Die Schach-Weltorganisation ist die größte Denksportvereinigung der Welt.

Schach ist eines der vielen Brettspiele, bei denen es im Grunde genommen darum geht, dass zwei Spieler in einem geistigen Wettstreit miteinander stehen und dies physisch dadurch umsetzen, dass sie abwechselnd Figuren auf einem Brett bewegen.

Schach wird auf einem Brett mit 64 Feldern und mit weißen und schwarzen „Armeen“ gespielt. Ziel ist, den König des Gegners gefangen zu nehmen, also „schachmatt“ zu setzen.

Es gibt hunderte von Büchern, welche die Strategie und die Taktik des Spiels erklären. Zudem gibt es ein Netzwerk von Clubs und Vereinigungen, die sich zum Ziel gesetzt haben, für die weitere Verbreitung des Schachspiels zu sorgen und Turniere zu organisieren.

Schachmeister der Vergangenheit

Das erste internationale Schachturnier fand 1851 in London statt. Eine Schachweltmeisterschaft wurde erstmals 1886 ausgetragen und von dem Österreicher Wilhelm Steinitz gewonnen. Jene drei großen Spieler, die auf ihn folgten, waren Emanuel Lasker aus Deutschland, der von 1894 bis 1921 amtierender Weltmeister war, José Capablanca aus Kuba (Weltmeister von 1921 bis 1927) und Alexander Aljechin aus Russland (Weltmeister von 1927 bis 1935 und von 1937 bis 1946).

Nach dem Zweiten Weltkrieg wurde Schach von der UdSSR dominiert, wo sich das Spiel als Nationalsport etabliert hatte. Die Leitfigur der russischen Schachbewegung war Michail Botwinnik, der mit Unterbrechungen von 1948 bis 1963 Schachweltmeister war. 1972 konnte der Amerikaner Bobby Fischer kurzfristig den Titel erringen. Doch nachdem er zu einem Wettspiel zur Verteidigung seines Titels nicht angetreten war, ging dieser wieder an die Russen über. 1985 errang Garri Kasparow den Titel.

Ein geistiger Superathlet

Kasparow ist unter den Denksportlern das beste Beispiel für das Motto „Ein gesunder Geist in einem gesunden Körper". Bevor er Schach spielt, trainiert er seinen Körper durch Laufen, Tennisspielen und Schwimmen. Zudem verfügt Kasparow über umfassende Kenntnisse in verschiedensten Wissensgebieten und ist mit den Werken Shakespeares besonders gut vertraut. Er kann Shakespeare sowohl auf Russisch als auch auf Englisch ausführlich zitieren.

Seit Kasparow Weltmeister geworden ist, hat er eine Marathon-Serie von Spielen um den Titel gegen Anatoli Karpow ausgetragen. Für derartige Wettkämpfe am Schachbrett sind große physische und psychische Kraft ebenso notwendig wie geistige Fitness.

Dame

Wahrscheinlich wurde schon um 1600 vor Christus in Ägypten eine frühe Form von Dame gespielt. Die moderne Version des Damespiels hat ihren Ursprung jedoch in Europa. In Spanien wurden bereits im 16. Jahrhundert und in Frankreich im 17. Jahrhundert Spielanleitungen für Dame veröffentlicht.

Ein Damebrett hat 8 Reihen mit jeweils 8 Feldern, die abwechselnd hell und dunkel (genaugenommen schwarz und weiß) eingefärbt sind, ebenso wie ein Schachbrett. Dame wird nur auf den dunklen Feldern gespielt. Jeder der beiden Spieler hat zwölf Steine, die abwechselnd über das Brett bewegt werden. Ziel des Spiels ist, die Steine des Gegners durch einen kurzen diagonalen Sprung über diese zu schlagen. Dies ist dann möglich, wenn der Stein eines Spielers vor einem des Gegners liegt und das dahinterliegende Feld in gleicher Linie frei ist. Wenn es gelingt, Steine auf der Grundlinie des Gegners zu platzieren, werden sie zu Damen, die im Gegensatz zu den anderen Steinen auch rückwärts bewegt werden dürfen.

Ein wahrhaft meisterlicher Spieler

In der Welt des Damespiels gilt Dr. Marion Tinsley als der größte Könner in der Geschichte dieses Denksports. Wenn er ein einziges Spiel verliert, kommt dies bereits einer kleinen Sensation gleich. Der 1927 in Irontown, Ohio, geborene Tinsley stieß eher zufällig auf das Spiel, weil ihn zwei Bücher über Dame, die in seiner örtlichen Bibliothek standen, faszinierten. Sein außerordentliches Gedächtnis und seine hervorragenden analytischen Fähigkeiten erlaubten ihm, sehr rasche Fortschritte in der Kunst des Damespiels zu machen, und er gewann bereits in jungen Jahren fast alle Turniere, an denen er teilnahm.

Tinsleys Erfolge setzten sich über Jahre hinweg fort, und 1954 wurde er als Weltmeister anerkannt. Um seine bestimmende Rolle und seine Verdienste in der Weiterentwicklung des Spiels zu würdigen, wurde ihm 1992 der Titel eines emeritierten Weltmeisters verliehen. Im selben Jahr nahm Tinsley die Herausforderung an, den Kampf gegen das in Kanada erstellte Computerprogramm „Chinook“ aufzunehmen. Tinsley triumphierte nach einer Serie von 39 Spielen mit vier Siegen gegenüber zwei Niederlagen. 33 der Spiele endeten unentschieden.

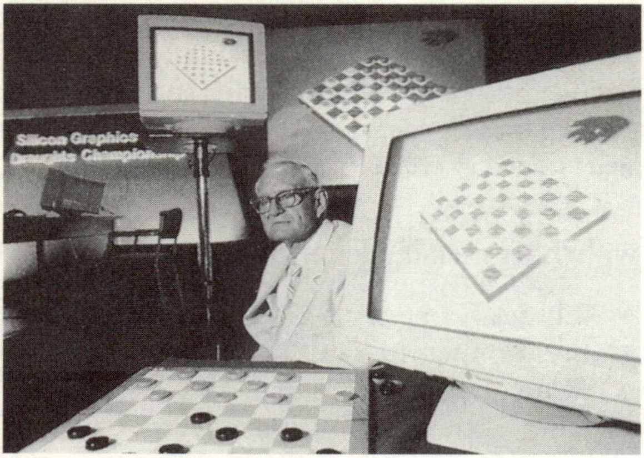

Dr. Marion Tinsley ist der erste Mensch, der gegen einen Computer eine Dame-Meisterschaft bestritten hat.

Go

Dieser uralte Denksport wurde schon vor rund 4000 Jahren betrieben und stammt wahrscheinlich aus China, wo er *wei chi* („das einkreisende Spiel") genannt wird. Im 19. Jahrhundert kam Go über Japan (wo es über zehn Millionen Spieler gibt) nach Europa.

Go ist ein ungemein subtiles Spiel, das üblicherweise von zwei Spielern betrieben wird. Allerdings wurde vor kurzem auch die Variante Paar-Go für vier Spieler eingeführt. Die Ziele beim Go sind unter anderem, Gefangene zu machen, Gebiete einzunehmen, Territorien des Gegners zu erobern und „Einflußsphären“ zu schaffen, die dem gegnerischen Bestreben, Gebiete einzunehmen, entgegenwirken.

Während jedoch beim Schach die Ziele während eines Spiels unverändert bleiben (nämlich Figuren des Gegners zu schlagen sowie dessen König schachmatt zu setzen und dabei gleichzeitig die eigenen Figuren zu schützen), variiert die Bedeutung der Ziele im Go während des Spielverlaufs. Zudem ist das Go-Brett auch so großräumig angelegt, dass mehrere voneinander unabhängige Konflikte gleichzeitig ausgetragen werden können, während beim Schach ein einziger geistiger Wettstreit stattfindet. Die einzelnen Kämpfe auf dem Go-Brett ergeben oft erst in der Endphase des Spiels einen Zusammenhang.

Ein scheinbar leichtes Spiel

Auf einem Go-Brett ist üblicherweise eine Gitterstruktur mit 19 x 19 Linien abgebildet. Anfänger können auch Bretter mit 9 x 9 oder 13 x 13 Linien verwenden. Auf den Schnittpunkten der Linien werden die Spielsteine platziert. Die Hälfte davon ist weiß, die andere Hälfte schwarz, und sie dürfen nicht bewegt werden. Das mag einfach klingen, und es gibt auch nur einige wenige, leicht verständliche Regeln im Go. Doch während die meisten anderen Denksportarten im Verlauf des Spiels immer weniger kompliziert werden, weil Steine oder Figuren entfernt werden, beginnt Go mit einem leeren Brett und wird durch das Hinzufügen von laufend neuen Steinen immer schwieriger.

Viele kommerzielle Versionen von Go geben leider keine detaillierten Anleitungen zur Technik und zur Strategie des Spiels. Falls Sie eine derartige Go-Ausgabe besitzen, sollten Sie sich ein Buch über das Spiel besorgen, denn die Regeln allein werden Ihnen nicht einmal bei der Entscheidung helfen, wo Sie Ihren ersten Stein platzieren sollen. Ehe Sie mit Ihrer Go-Karriere beginnen, vorweg noch eine Warnung: Sie werden wahrscheinlich mindestens ein halbes Dutzend Male spielen müssen, bis Sie das Gefühl haben, zu wissen, welches Ziel Ihr Spiel hat. Mindestens ein weiteres halbes Dutzend Spiele werden Sie benötigen, ehe Sie darauf hoffen dürfen, in irgendeiner Form eine Gesamtstrategie zu entwickeln.

Andere Denkspiele

Zusätzlich zu den bereits erwähnten Spielen gibt es viele weitere Brett-, Wort- und Kartenspiele, die Ihr Gehirn anregen und Ihnen gleichzeitig angenehme Stunden verschaffen können. Dazu gehören unter anderem Scrabble, Poker, Bridge, Cribbage, Backgammon, Shogi und Chinesisches Schach. Denken Sie darüber nach, welche Form geistigen Trainings Ihnen persönlich am meisten zusagt, und haben Sie Spaß dabei, das Spiel Ihrer Wahl auszuüben!

11

EIN UNIVERSALGENIE

Die mannigfaltigen Gaben, womit ihn die Natur ausgestattet, konzentrierten sich vorzüglich im Auge; weshalb er denn, obgleich zu allem fähig, als Maler am entschiedensten groß erschien.

JOHANN WOLFGANG VON GOETHE ÜBER LEONARDO DA VINCI

Auf den folgenden Seiten finden Sie eine Beschreibung des Lebens von Leonardo da Vinci (1452–1519), dem es im Kontext seiner Zeit möglich war, viele seiner Genie-Qualitäten auch praktisch umzusetzen. Leonardos Erkenntnisse haben, wie bereits erwähnt, auch bei der Erarbeitung dieses Buches eine wesentliche Rolle gespielt.

Leonardo da Vinci gilt als einer der größten Künstler der Geschichte, und seine *Mona Lisa* (um 1504 entstanden), die im Louvre in Paris ausgestellt ist, zählt zu den weltweit beliebtesten Touristenattraktionen. Doch für Leonardo war die Kunst stets nur ein Aspekt seines Lebens, der mit allen anderen Facetten seines Schaffens in engem Zusammenhang stand.

Leonardo wurde 1452 als unehelicher Sohn eines Notars und eines Bauernmädchens nahe der kleinen Stadt Vinci geboren. Sein ganzes Leben war von einer unstillbaren Sehnsucht nach Wissen und neuen Entdeckungen geprägt. Er wollte in praktisch jedem Gebiet

Erkenntnisse gewinnen und aufzeichnen. Leonardo bezeichnete sich selbst oft als einen „Schüler der Erfahrung“.

Sein Auge war unbestechlich, und sein Beobachtungsvermögen war so umfassend, dass man glauben könnte, er habe über „magische Kräfte“ verfügt. In seinem *Codex über den Flug der Vögel* notierte da Vinci Details, die lange nicht überprüft werden konnten. Erst die moderne Hochgeschwindigkeitsfotografie bewies dann die Richtigkeit seiner Beobachtungen.

Alles steht in einem Zusammenhang

Wie vor ihm schon der berühmte italienische Baumeister und Bildhauer Filippo Brunelleschi (1377–1446) und der ebenfalls aus Italien stammende bedeutende Baumeister und Kunsttheoretiker Leon Battista Alberti (1404–1442) war Leonardo von allen Möglichkeiten intellektueller Aktivität fasziniert. Zu seiner Zeit war er der führende Denker in zahlreichen Wissensgebieten, von Akustik und Aquanautik bis zu Meteorologie und Physiologie. Ebenso könnten wir aber von Leonardo als begnadetem Ingenieur sprechen, der sich speziell mit Hydraulik, ersten Versuchen zur Konstruktion eines Fluggerätes und innovativen militärischen Maschinen beschäftigte; oder von Leonardo als Naturwissenschaftler, der sich für Botanik, Geologie, Geografie und Anatomie interessierte; und nicht zuletzt natürlich auch von Leonardo als Künstler.

Dazu kamen seine Fertigkeit, Musikinstrumente zu bauen und zu spielen, seine spontan verfassten Kompositionen von Instrumentalstücken und Liedern oder sein Ruhm als hervorragender Unterhalter und Geschichtenerzähler. Leonardo war bekannt dafür, dass er es in allen Bereichen, für die er sich interessierte, zur Meisterschaft brachte. Seine Begeisterung für Experimente und Untersuchungen war unbegrenzt.

Leonardo war überzeugt davon, dass alle Wissensdisziplinen miteinander in einem Zusammenhang stehen. Die höchste Autorität war für ihn das menschliche Auge, er vertrat die Meinung, dass keine Fähigkeit vortrefflicher sei als das Sehvermögen.

Eine neue Art, Notizen zu machen

Von Leonardo sind tausende von Seiten mit Notizen erhalten. Viele davon hat er mit der linken Hand in Spiegelschrift geschrieben, entweder in seinen Notizbüchern oder auf eigenen Blättern. Jede Seite seiner Aufzeichnungen enthält profunde Einsichten zum Thema seiner jeweiligen Notizen. Oftmals fand Leonardo einen Zugang zu Fragen, deren endgültige Lösung erst im 20. Jahrhundert möglich war.

Das Frühwerk

Leonardo begann seine berufliche Karriere in der Werkstatt von Andrea del Verrocchio (1435–1488), einem Goldschmied, Maler und Bildhauer in Florenz. Der für Leonardo typische Malstil kann erstmals in einem der Engel in dem Bild *Die Taufe Christi* identifiziert werden, für dessen Gesamtkonzeption und Ausführung jedoch Verrocchio verantwortlich zeichnete. Dass dieser Teil des Bildes eindeutig Leonardo zugeschrieben werden kann, resultiert aus der Art, in welcher der Kopf des Engels ausgeführt ist, insbesondere seine Locken. Leonardo sah Analogien zwischen allen lebenden Dingen, und die blonden Locken des Engels sind den Darstellungen sprudelnden Wassers ähnlich, die generell in Leonardos Notizbüchern häufig vorkommen und auch in den während seiner frühen Jahre angefertigten Aufzeichnungen schon zu finden sind.

Licht und Dunkel

Leonardos erstes Meisterwerk ist die *Anbetung der Könige*, das 1481 in Auftrag gegeben, jedoch von dem Maler unvollendet zurückgelassen wurde, als er 1482 von Florenz nach Mailand aufbrach. Anhand der zahlreichen Studien für dieses Gemälde ist erkennbar, wie Leonardo mit Licht und Dunkel experimentierte. In seinen Notizbüchern beschäftigt er sich ebenfalls

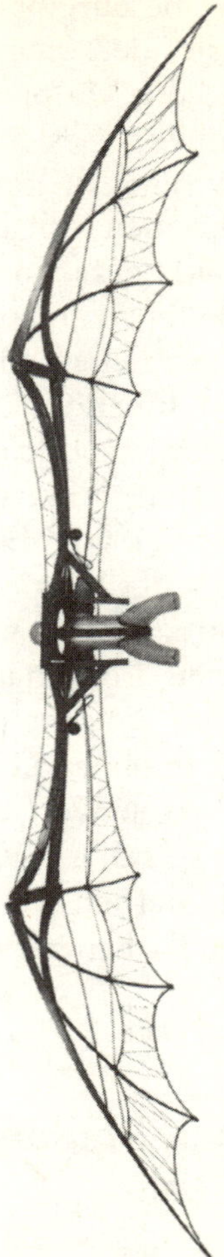

Anhand von Leonardos Notizbüchern war es möglich, seine Flugmaschine und andere Geräte nachzukonstruieren.

mit diesem Thema; er beschreibt darin unter anderem die wesentliche Rolle der richtigen, kontrollierten Beleuchtung während des Malprozesses.

Leonardo warnt davor, Gesichter in direktem Sonnenlicht zu zeichnen oder zu malen, und er erinnert den Leser an die Schönheit von Figuren oder Gesichtern, die im Halbdunkel gesehen werden. Um derartiges Licht in einem Atelier zu erzeugen, empfiehlt er, die Wände schwarz anzustreichen sowie ein großes Tuch aus Leinen über den Innenhof zu spannen, um dadurch das Modell in sanftes, diffuses Licht zu tauchen. Allzu „scharfe" Schatten, erklärt Leonardo, könnten das fließende Gegenspiel von Licht und Dunkelheit stören, das die Formen der Körper in ihrer natürlichen Lebendigkeit offenbare.

Leonardos Theorien über das Licht scheinen zu beinhalten, dass seiner Ansicht nach die Dunkelheit dem Licht vorangeht. In seinen Gemälden stehen Form und Farbe in einem steten Wettstreit mit der Dunkelheit. Dieser Ansatz stand im Widerspruch zu dem damals in Florenz modernen Malstil, bei dem bevorzugt helle, leuchtende Farben verwendet wurden.

Übersiedlung nach Mailand

Leonardo machte in seinem Leben einige ausgedehnte Reisen. 1482/1483 übersiedelte er von Florenz an den Mailänder Hof. In seinem Bewerbungsschreiben an den Herzog von Mailand, Ludovico Sforza, hebt Leonardo vor allem seine Fähigkeiten als Militär-

Leonardos Sicht seiner selbst ist uns in Form seines berühmten Selbstporträts erhalten geblieben.

ingenieur und Bildhauer hervor. Er bietet an, eine Reiterstatue vom Vater des Herzogs anzufertigen. Seine malerischen Fertigkeiten erwähnt er nur nebenbei. Während seiner Zeit in Mailand malte Leonardo die *Madonna in der Felsgrotte*, von der zwei Versionen erhalten sind.

Ein Pferdeliebhaber

Leider ist von der legendären Sforza-Statue nichts erhalten außer Leonardos wundervollen Entwürfen für diese. Der Künstler schuf zwar ein Tonmodell der Statue in Originalgröße, aber dem Herzog von Mailand war es dann nicht mehr möglich, die Bronze für den Guss zur Verfügung zu stellen, da er sich auf einen nicht erfolgreichen Feldzug gegen Frankreich einließ. Die französischen Truppen, die rasch triumphiert hatten, benutzten das Tonpferd dann für Schießübungen!

Leonardos vorzügliche Studien zeigen unter anderem ein sich aufbäumendes Pferd. Eine derart dynamische Form der Darstellung wurde erst im 17. Jahrhundert wieder versucht, als Bernini seine Reiterstatue von Louis XIV. kreierte.

Als ausgezeichneter Reiter hatte Leonardo auch eigene Stallungen, und er war dafür bekannt, dass er seine Pferde mit Geduld, Verständnis und Freundlichkeit trainierte. Er interessierte sich nicht nur für die Anatomie von Tieren, sondern war auch ein echter Tierfreund. Wenn er Märkte besuchte, auf denen lebende Vögel verkauft wurden, kam es oft vor, dass er den angemessenen Preis bezahlte und die Käfige dann öffnete, damit die Vögel in die Freiheit entfliegen konnten.

Das letzte Abendmahl

Das großartigste erhaltene Werk aus Leonardos Mailänder Zeit ist sein *Letztes Abendmahl.* Es wurde 1495/1496 für das Refektorium des Dominikanerkonvents Santa Maria delle Grazie in Mailand gemalt. Leonardos neue Maltechnik war für die Freskomalerei, also das Malen auf den frischen, noch feuchten Verputz von Wänden, ungeeignet. Deshalb experimentierte er mit speziellen Arten von Farben, die Öl und Firnis enthielten. Im feuchten Klima von Mailand begann das Werk noch vor Leonardos Tod zu verfallen. Vor kurzem wurde es jedoch nach etlichen vorherigen Restaurierungsversuchen mit großem Aufwand nochmals restauriert, und zwar in einer Weise, die es ermöglichen soll, den Originalzustand wieder zu erahnen.

Die Art, in der in diesem großartigen Meisterwerk psychologische Spannung dargestellt wird, ist nach wie vor unübertroffen. Leonardo hat seine Technik über die in der italienischen Malerei des 15. Jahrhunderts (dem Quattrocento) entstandenen mathematisch perfekten, perspektivischen Darstellungen hinaus entwickelt.

Seine Kunst ist auch im Zusammenhang mit den veränderten politischen Verhältnissen in Italien nach der französischen Invasion von 1495 zu sehen. Trotz Machiavelli und anderen war es nun nur eine Frage der Zeit, wann die italienischen Staaten mit Ausnahme von Venedig von fremden Mächten überwältigt werden würden. Die Hochrenaissance in Florenz und Rom kann deshalb als ein Beibehalten der Darstellung menschlicher Größe gesehen werden, während in der Realität bereits der Untergang drohte.

Im Kontrast zur „perspektivischen" Einladung an den Betrachter, die etwa in den Werken von Tommaso Masaccio (1401–1428) zu finden ist, gibt es im Refektorium von Santa Maria delle Grazie keinen Punkt, von dem aus das *Letzte Abendmahl* so gesehen werden könnte, dass ein imaginativer Eintritt in dessen mythischen Raum möglich wäre. Das Gemälde ist die Projektion einer idealen Welt. Wir befinden uns am Beginn der Hochrenaissance.

Noch mehr Energie

Leonardo kehrte 1501 nach Florenz zurück, wo er von der Republik den Auftrag für das Gemälde *Die Schlacht von Anghiari* erhielt, das zur Feier eines Sieges der Florentiner das Sitzungszimmer des Rathauses (des heutigen Palazzo Vecchio) schmücken sollte. Es war als Ergänzung zu Michelangelos *Schlacht von Cascina* gedacht. Beide Werke wurden später zerstört.

Für die Schlacht von Anghiari stehen uns Rubens Kopie einer Kopie und einige wundervolle Studien Leonardos zur Verfügung, um das Zentrum der Komposition zu rekonstruieren. Dabei zeigt sich, dass Leonardo eine furiose, dynamische Darstellung des Kampfes von vier Reitern um die Standarte der Republik geschaffen hat, in der Wildheit, Grausamkeit und Bewegung in der Schlacht so überzeugend wiedergegeben werden, dass sie als eines der hervorragendsten Beispiele für ein Kriegsbild gelten kann.

Zwei wesentliche Gemälde aus dieser Periode sind erhalten, die *Mona Lisa* (um 1504) und die *Heilige Anna Selbdritt* (um 1508–1513). Leonardo nahm sie später nach Frankreich mit, wo sie heute im Louvre besichtigt werden können. Leonardo brachte in diese beiden Werke jene künstlerische Größe ein, die auch schon im *Letzten Abendmahl* Ausdruck fand.

Vielseitigkeit

1506 kehrte Leonardo nach Mailand zurück, wo er sich in der Folge relativ wenig mit Malerei beschäftigte. Ein Großteil seiner Zeit wurde davon beansprucht, ein weiteres Reiterstandbild zu entwerfen, das jedoch ebenfalls niemals ausgeführt wurde. Sein Auftraggeber war Trivulzio, der Marschall des Königs von Frankreich, dessen Truppen Mailand erobert hatten.

Außerdem führte Leonardo wissenschaftliche Untersuchungen durch und fertigte anatomische Zeichnungen an. Es wird angenommen, dass er über 50

Körper sezierte, um so seine anatomischen Kenntnisse zu erweitern. Er bestieg auch die Berge der Umgebung und untersuchte versteinerte Überreste von Tieren und Pflanzen aus früheren Epochen. Das brachte ihn dazu, das theologisch akzeptierte Datum für den Beginn der Schöpfung infrage zu stellen.

Zudem führte er Studien durch, die es ihm ermöglichten, bessere Bewässerungs- und Wasserleitungssysteme zu erfinden, und er zeichnete ohne die Hilfe von Vermessungsinstrumenten detailgenaue Landkarten. Leonardo entwarf auch neuartiges Kriegsgerät, wie etwa die frühe Form eines Panzers. Nicht zuletzt entwickelte er eine Maschine, mit der konkave Spiegel geschliffen werden konnten, was 1509 den Bau eines Teleskops ermöglichte (ein Jahrhundert vor Galileo Galilei). Verschiedene seiner Skizzen und Zeichnungen für diese Projekte wurden jedoch zu seinen Lebzeiten keiner breiteren Öffentlichkeit zugänglich gemacht, und die Notizen, die er seinem Schüler Francesco Melzi hinterließ, verschwanden nach dessen Tod.

Leonardos Notizbücher voll minutiöser Darstellungen von Naturphänomenen zählen zu den umfassendsten Aufzeichnungen der Möglichkeiten menschlichen Geistes.

Humor und Experimentierfreude

Leonardo war stets für einen guten Scherz zu haben, ganz besonders, wenn dieser auf Kosten blasierter Höflinge ging. Als er 1513 von Mailand an den Hof von Papst Leo X. kam, stellte er laut Berichten von Zeitgenossen zu seinem Vergnügen immer wieder neue, exquisit verarbeitete, aber nutzlose Objekte her. Darunter waren beispielsweise ein Paar Flügel, die er mit Golddraht auf einer lebenden Eidechse montierte. Diese spazierte dann einem kleinen Drachen gleich herum und versetzte die Höflinge in Angst und Schrecken.

So wie auf fast allen anderen Gebieten war Leonardo auch im Kochen seiner Zeit um fast fünf Jahrhunderte voraus. Er servierte gerne ausgewählte Delikatessen in kleinen Portionen und schnitt sie so zu, dass sich ausgefallene, hübsch anzusehende Formen ergaben.

Es ist allerdings auch angenehm, zu wissen, dass Leonardo ebenso wie viele andere Genies auch Fehler machte. Das zeigte sich ganz besonders, als er am Hof des Mailänder Herzogs Ludovico Sforza eingeladen wurde, die Rolle des Küchenchefs zu übernehmen. Die Hilfsmittel, die er entwarf, um die Effizienz bei der Küchenarbeit zu erhöhen – wie etwa Geräte zur maschinellen Verteilung von Gewürzen – erwiesen sich als völlig unbrauchbar. Zudem weigerten sich die Köche, das Gemüse nicht nur zuzubereiten, sondern es auch noch in hübsche Formen zu schneiden. Leonardo engagierte daraufhin seine Künstlerfreunde, und plötzlich standen statt der gewohnten 20 Hilfskräfte 200 in der relativ engen Küche.

Flexibilität

Manche Stimmen bemängeln, dass Leonardo zu viele seiner Werke nicht vollendet habe. Doch derartige Kritik erfolgt zu Unrecht, da dies vor dem Hintergrund der Zeit, in der er lebte, gesehen werden muss. Im Italien des 15. Jahrhunderts war es gang und gäbe, dass in Auftrag gegebene Kunstwerke nicht fertig gestellt wurden. So hat auch Michelangelo viele unvollendete Arbeiten hinterlassen.

Das Leben in jener Zeit war von politisch instabilen Verhältnissen und zahlreichen kriegerischen Auseinandersetzungen geprägt. Oft gelang es einzelnen Menschen, rasch ihr Glück zu machen, und oft verloren sie es ebenso schnell wieder. Die finanziellen Zuwendungen von Kunstmäzenen für ein geplantes Meisterwerk versiegten manchmal über Nacht. In einer derartigen Umgebung war auch Leonardo mehrmals dazu gezwungen, sein Leben neu zu orientieren, und dabei machte er das denkbar Beste aus seinen Möglichkeiten.

Wissen weitergeben

Gegen Ende seines Lebens nahm Leonardo eine Einladung des französischen Königs Franz I. an, der ihm das in der Nähe seiner Residenz gelegene kleine Schloss Cloux als Wohnsitz angeboten hatte. Hier kam Leonardo der letzten großen Aufgabe seines Lebens nach, nämlich all sein Wissen in Gesprächen an den König weiterzugeben. Leonardo starb 1519 in Cloux, und die Bilder, die sich noch in seinem Besitz befanden, gingen an die französische Krone und fanden dadurch schließlich im Louvre ihre Heimat.

Während seines gesamten Lebens näherte sich Leonardo der unermesslichen Weite und den Details des Universums mit höchster Neugierde. Seine Sehnsucht, alle Geheimnisse der Welt zu erforschen, war grenzenlos, und er war von dem Wunsch erfüllt, das Wissen, das er erworben hatte, soweit wie möglich an andere weiterzugeben. Versuchen auch Sie, seinem Beispiel zu folgen und all Ihre geistigen Möglichkeiten auszuschöpfen. Arbeiten Sie an Ihren Genie-Qualitäten und beginnen Sie noch heute damit, Ihre aus diesem Buch gewonnenen Erkenntnisse in die Praxis umzusetzen. Neben seinen Kunstwerken und seinen Notizbüchern hat uns Leonardo übrigens auch vier Grundprinzipien für die Entwicklung von Genie-Qualitäten hinterlassen, die moderne Physiologen und Gehirnforscher erst vor kurzem „ebenfalls" entdeckt haben:

- Studiere die Wissenschaft der Kunst.
- Studiere die Kunst der Wissenschaft.
- Lerne zu sehen. [Entwickle all deine Sinne, besonders das Sehvermögen.]
- Beachte bei all deinen Studien, dass jedes Ding in irgendeiner Form mit allen anderen Dingen zusammenhängt.

Lösungen

Test der verbalen Intelligenz (Seiten 54–55)

1. Musikinstrument
   50 Punkte

2. Spumante (Die anderen Wörter werden für Angaben in Musikstücken verwendet.)
   50 Punkte

3. a) Kortex
   b) Gehirn
   c) Denken
   d) Kreativ
   100 Punkte

4. Erwachsensein oder Reife
   100 Punkte

5. a) Löwe
   b) Tiger
   c) Dackel
   d) Gepard
   e) Katze
   = Dackel – der einzige Hund (Alle anderen gehören zur Familie der Katzen.)
   150 Punkte

6. S (Die Buchstaben ergeben das Wort Ersinnen.)
   100 Punkte

7. Hektar
   50 Punkte

8. Casals (Der Spanier Andrés Segovia war der führende Gitarrenvirtuose des 20. Jahrhunderts, Pablo Casals, ebenfalls in Spanien geboren, der bedeutendste Cellist.)
   100 Punkte

9. Isthmus (Straße wird auch als Bezeichnung für eine Meerenge benutzt, beispielsweise für die Straße von Dover; Isthmus wird eine Landenge genannt und zwar ursprünglich jene von Korinth.)
   150 Punkte

10. Gipfel (Dieses Wort kann ebenso als Bezeichnung für eine Konferenz mit hochrangigen Teilnehmern wie als Bezeichnung für die Spitze eines Berges verwendet werden.)
    150 Punkte

Test der numerisch-logischen Intelligenz (Seiten 58–59)

1. 23 (Die Zahlen nehmen jeweils um 3 zu.)
   50 Punkte

2. 69 (Die Zahlen nehmen jeweils um 8 ab.)
   50 Punkte

3. 200 (Die Zahl in der vertikalen Reihe links ergibt mit der Zahl in der mittleren vertikalen Reihe multipliziert jeweils die Zahl in der vertikalen Reihe rechts.)
100 Punkte

4. 3 oder 12 (Jene Zahlen, die sich diagonal gegenüberstehen sind jeweils entweder halb oder doppelt so groß wie ihr „Gegenüber".)
100 Punkte

5. 7 (Diese Frage kann nach dem Muster A = 1, B = 2, C = 3, usw. entschlüsselt werden; das dargestellte Wort lautet daher INTELLIGENT und G = 7 ist der fehlende Buchstabe/die fehlende Ziffer.)
100 Punkte

6. 46 (1 zum Quadrat, 2 zum Quadrat, 3 zum Quadrat, 4 zum Quadrat usw., sobald die Zahlen jedoch zweistellig werden, werden ihre Ziffern in umgekehrter Reihenfolge notiert.)
100 Punkte

7. 7 (Die Zahl oben links und die Zahl oben rechts werden addiert, das Ergebnis wird durch 3 dividiert; 16 + 5 = 21, 21 : 3 = 7
100 Punkte

8. 6 (In jeder horizontalen Reihe stehen zwei Zahlen, die jeweils halb so groß wie eine der beiden anderen sind.)
100 Punkte

9. 4 (Die Zahlen in den unteren Feldern ergeben sich durch Halbieren der Summe der beiden Zahlen in den Feldern über ihnen.)
   150 Punkte

10. 45 (Die Reihenfolge ergibt sich daraus, dass abwechselnd 2 und 10 hinzugezählt werden.)
    150 Punkte

Test der technisch-räumlichen Intelligenz
(Seiten 62/63)

1. Abbildung 1 und Seite c gehört nach oben
   100 Punkte

2. Zehn
   100 Punkte

Stichwortverzeichnis

Über die Autoren

Tony Buzan ist international als Erfinder der Mind-Map©-Methode bekannt. Seine Bücher verkaufen sich weltweit in Millionenauflagen. Bei mvg sind seine Bestseller *Das Mind-Map-Buch* und *Speed Reading* und sein neuestes Buch *Change Now!* erschienen.

Raymond Keene ist internationaler Schach-Weltmeister uns hat bereits über 90 Bücher zu Schach- und Denkstrategien geschrieben.